십자가의 도

예수 그리스도만이
우리의 구세주가 되십니다

십자가의 도

예수 그리스도만이
우리의 구세주가 되십니다

· 이재록 목사 ·

우림

펴내는 글

만세 전에 감추어진 비밀
〈십자가의 도〉가 성령의 감동함으로 풀리다

하나님의 크고 놀라운 섭리가 담긴 『십자가의 도』를 통해 전 세계 무수한 영혼들을 구원의 길로 인도해 주시는 아버지 하나님께 모든 감사와 영광을 돌립니다.

"『십자가의 도』를 읽고 신앙생활 30년 동안 풀리지 않던 궁금증과 하나님에 대한 불신이 일시에 해소됐습니다."

"신앙의 근본적인 문제에 대한 확실한 해답이 다 담겨 있습니다."

"『십자가의 도』를 통해 영적 궁금증이 명쾌하게 풀어지니 제 영혼은 물 만난 고기처럼 마냥 기뻤습니다."

"저는 『십자가의 도』 책을 접하고 인터넷 게임 중독에서 벗어났어요!"

이처럼 국내외 곳곳에서 『십자가의 도』를 읽고 변화되며 치료받은 간증들이 들려올 때마다 저는 말할 수 없는 기쁨과 행복을 느낍니다. 창조주 하나님의 사랑과 예수 그리스도의 십자가 사랑을 안다고 하면서도 확신 있게 복음을 전하지 못하는 사람이 많은데, 이처럼 참된 깨달음을 고백하니 어찌 감사하지 않겠습니까.

오랫동안 신앙생활하고 신학을 공부한 사람이라도 정작 창조주 하나님의 근본 마음과 사랑의 섭리를 깨우치는 경우는 흔치 않습니다. 그래서 성경의 많은 의문점을 해결하지 못하고 오히려 깊고 오묘한 사랑의 섭리를 오해하여 하나님을 멀리하기도 합니다.

만일 "하나님께서는 왜 에덴동산에 선악과를 두어 사람으로 하여금 죄를 짓게 하셨을까요?" 혹은 "죄인들을 위하여 독생자도 아낌없이 주신 하나님께서 왜 지옥을 만들어 영원토록 고통받게 하나요?" 또는 "왜 예수 그리스도만이 구세주가 되나요?" 등의 질문을 받는다면 어떻게 답변해야 할까요?

저 역시 신앙생활한 지 수년이 지나도록 창조의 근본 섭리와 십자가의 도에 담긴 비밀을 깨우치지 못했습니다. 그런데 주의 종으로 부름 받은 후, '어떻게 하면 수많은 영혼을 구원하여 하나님께 영광 돌릴 수 있을까?' 깊이 생각하며 하나님께 성경 66권 말씀을 친히 풀어 달라고 간구했습니다. 온전한 하나님 뜻을 전파하여 전 세계를 복음화하는 일에 앞장서야겠다는 마음으로 금식을 밥 먹 듯이 하며 수많은 기도를 쌓은 지 7년 만에 응답받았습니다.

하나님께서는 깊은 성령의 감동함 가운데 성경 말씀에 담긴 영적 의미들을 하나하나 풀어주기 시작하셨습니다. 사람의 지혜나 지식, 생각, 이론 등 이 세상의 그 무엇으로도 알 수 없는 오묘하고 깊은 영의 세계까지도 밝히 알려 주고 계십니다.

십자가의 도에 대해서는 1985년 어느 날, 성령의 감동 가운데 알 려 주셨습니다. 하나님께서 왜 사람을 창조하셨는지, 왜 에덴동산 에 선악과를 두셨는지, 지옥을 만드신 이유 등 창조의 근본 섭리와 만세 전에 감추어진 비밀을 알아 가는 기쁨은 그 무엇에도 비할 수 없었습니다.

우리가 '선악과를 두신 이유'만 올바로 알아도 인간 경작의 섭리 에 대해 많은 것을 깨우쳐 하나님을 뜨겁게 사랑할 수 있습니다. 나아가 비밀 가운데 예비하신 구원의 섭리를 깨달을 때 하나님의 사랑과 지혜에 감복, 감사할 수밖에 없습니다. 비로소 인생의 참된 목적은 무엇인지, 왜 죄를 버리고 예수 그리스도의 마음을 닮아야 하며, 하나님 앞에 죽도록 충성해야 하는지 깨달을 수 있습니다.

　금번에 성부, 성자, 성령 삼위일체 하나님의 사역을 깨달아 참 믿음을 소유할 수 있는 『십자가의 도』를 쉽게 휴대하여 양식 삼고, 언제 어디서나 전도에 활용할 수 있도록 핸드북으로 발간하였습니다. 책자 발간을 위해 수고하신 빈금선 편집국장과 우림북 직원들에게 감사의 뜻을 전하며, 이 책을 통해 전 세계 만민이 구원에 이르며 하나님의 사랑과 근본 섭리를 깨우쳐 성숙한 신앙인이 되기를 주님의 이름으로 축원합니다.

2014년 4월 부활절을 맞아

이재록 목사

하나님의 **지혜**와 **능력**인 「십자가의 도」

전 세계 수많은 성도의 요청과 기대에 부응하여 귀한 생명의 말씀을 책으로 엮을 수 있도록 인도하신 하나님께 모든 감사와 영광을 돌립니다.

이 책은 많은 사람이 신앙생활하면서 궁금해하는 내용을 명쾌하게 풀어 온 인류를 향한 하나님의 크고 넓고 깊은 사랑을 깨닫게 하는 감동적인 생명의 메시지로 구성되어 있습니다.

1장 「창조주 하나님과 성경」 편에서는 하나님은 과연 어떤 분이며 우리 가운데 어떻게 역사하는지 살펴 살아 계신 하나님의 증거를 보여 주며, 성경을 근거로 인류 역사를 돌아봄으로써 성경의 진실성을 밝힙니다.

2장 「인간을 창조하고 경작하시는 하나님」 편에서는 말씀으로 천지 만물을 지으신 하나님에 대해, 또한 하나님 형상대로 사람을 지어 이 땅에 경작하시는 섭리와 인생의 참된 목적이 무엇인지 깨우쳐 줍니다.

3장 「하나님께서 선악과를 두신 이유」 편에서는 수많은 사람이 오해하는 부분, 곧 왜 사랑의 하나님께서 선악과를 두셨는지에 관해 구체적으로 설명하여 하나님의 깊고 오묘한 사랑의 섭리를 깨우칠 수 있도록 하였습니다.

4장 「만세 전에 감추어진 비밀」 편에서는 레위기 25장에 나오는 토지 무르기 법칙과 영계 법칙의 연관성, 죄 때문에 사망의 길로 갈 수밖에 없는 사람들을 구원하기 위해 하나님께서 과연 어떻게 그 길을 예비하셨으며, 예수님께서는 어떻게 토지 무르기 법칙에 합당한 자격을 갖추었는지 등을 다룹니다.

5장 「예수 그리스도가 왜 우리의 구세주인가」 편에서는 만세 전에 감추어진 인간 구원의 섭리를 어떻게 예수 그리스도가 성취했으며, 예수님께서 나무 십자가에 달리신 이유, 우리가 하나님의 자녀로서 누리는 권세와 축복, 주 예수의 이름에 담긴 영적 의미를 통해 하나님의 측량할 수 없는 사랑을 더욱 깊이 느낄 수 있게 해 줍니다.

6장 「십자가의 섭리」 편에서는 하나님의 독생자로서 하늘 영광을 버리고 짐승의 우리에 태어나 시종 가난한 길을 가신 섭리, 또한 십자가에 달린 예수님께서 당한 고통 하나하나에 담긴 깊은 영적 의미를 깨우쳐 줍니다.

7장 「가상칠언」 편에서는 예수님께서 십자가상에서 마지막으로 남기신 일곱 마디 말씀에 담긴 영적 의미를 깨달아 부활의 소망 가운데 믿음의 선한 싸움에서 이기는 사람이 되어야 할 것을 강조합니다.

8장 「참 믿음과 영생」 편에서는 먼저, 신랑 되신 예수 그리스도와 우리가 하나 되는 비밀을 설명한 다음, 믿는다면서도 구원받지 못하는 경우를 구체적으로 알려 줍니다. 또 인자의 살과 피란 무엇이며, 왜 우리가 그것을 먹고 마셔야 영생을 얻는지, 구원받을 수 있는 참 믿음이란 무엇이며 어떻게 해야 온전한 구원에 이를 수 있는지 등을 구체적으로 알려 줍니다.

9장 「물과 성령으로 거듭나야 구원」 편에서는 예수님께서 니고데모를 깨우쳐 주신 말씀을 중심으로 온전한 구원에 이르는 과정을 설명하며, 온 영과 혼과 몸이 흠 없게 보전된 아름다운 신부의 모습으로 다시 오시는 주님 맞기를 기원하는 내용입니다.

마지막으로 10장 「이단이란 무엇인가」 편에서는 오늘날 하나님의 역사를 잘못 판단하고 정죄하는 경우가 있음을 삼가 주의해야 할 것과 이단의 성경적 정의, 진리의 영과 미혹의 영을 분별하는 법 등을 자세히 설명하면서 우리가 악한 영에 미혹되지 않으려면 늘 깨어 기도하여 진리 안에 살아야 할 것을 강조합니다.

사도 바울은 하나님의 지혜인 '십자가의 도'에 대하여 "멸망하는 자들에게는 미련한 것이요 구원을 얻는 우리에게는 하나님의 능력이라" 말씀했습니다(고전 1:18). 『십자가의 도』의 비밀과 하나님 사랑의 섭리를 깨달을 때 비로소 참 믿음을 지니며 늘 하나님을 만나고 체험하여 능력 있는 신앙생활을 할 수 있기 때문입니다.

그러므로 가정생활의 바탕인 가훈과 같이 성도들의 신앙생활에 가장 핵심적인 말씀인 『십자가의 도』를 통하여 신앙의 기초를 다지며 온전한 구원과 영생에 이르기를 주님의 이름으로 기원합니다.

2014년 4월
빈금선 편집국장

CONTENTS
십자가의 도

1장
창조주 하나님과 성경

"태초에 하나님이 천지를 창조하시니라"(창 1:1)

누구나 교회에서 신앙생활을 시작하면 기독교에서 말하는 '구원의 도'를 들을 수 있습니다. 지금으로부터 2000여 년 전에, 하나님의 독생자 예수님이 인류의 죄를 대속하려고 이 땅에 오셨다는 것입니다. 그분은 인류를 대신해 십자가에 달려 죽으셨으며, 장사한 지사흘 만에 부활하셨습니다. 이 사실을 믿는 사람은 죄 용서를 받고 구원받아 천국에 갑니다. 많은 사람이 이 정도는 잘 아는 내용입니다.

그런데 이것만으로는 구원의 도, 곧 십자가의 도에 담긴 하나님섭리를 안다 할 수 없습니다. 맨 처음 인류가 죄인이 된 까닭은 아담이 선악과를 먹었기 때문입니다. 만약 선악과가 없었다면 아담은 범죄하지 않고, 아름다운 에덴동산에서 영원히 평안하게 살았겠지요.

그러면 하나님께서 아예 처음부터 선악과를 만드시지 않았으면되지 않을까요? 하나님께서는 왜 아담이 먹을 수도 있는 선악과를 만드신 것일까요? 혹시 아담이 선악과를 먹을 줄 모르신 것일까요?

하나님께서는 전지전능한 분이므로 결코 모르셨을 리 없습니다. 그럼에도 선악과를 두신 이유가 무엇일까요? 여기에 대한 확실한답을 들으신 적 있습니까? 물론 그 이유를 모른다고 구원받지 못하는 것은 아닙니다. 자신의 죄를 회개하고 예수 그리스도를 구세주로 영접하면 구원받을 수 있지요. 그러나 구원의 섭리에 담긴 더 깊은 내용까지 이해할 수 있다면 확실한 믿음을 가질 수 있습니다. 하나님 마음과 뜻을 알므로 원수 마귀 사단의 미혹을 물리치며 하나님 자녀로서 권세를 누릴 수 있게 됩니다.

비유를 들어, 우리가 오렌지를 먹으면 몸에 유익을 줍니다. 그런데 기왕이면 "오렌지에는 비타민 C가 많다. 비타민 C는 피부와 피로 회복에 좋고 질병에 대한 저항력을 높인다."라는 지식을 안다면 더 좋을 것입니다. 필요에 따라 챙겨 먹을 수 있으니 유익하지요.

신앙생활도 마찬가지입니다. 막연히 "믿습니다." 하는 것이 아니라 십자가에 담긴 구원의 섭리를 정확히 알아서 하나님의 뜻대로 살아야 합니다. 그럴 때 굳건한 믿음으로 천국을 향해 달려갈 수 있고, 이 땅에서도 하나님의 자녀로서 마음껏 축복받을 수 있습니다.

세상에는 신이 없다고 주장하는 사람이 많습니다. 사람이 상상으로 지어낸 신을 숭배하거나 하나님이 만드신 피조물 형상을 만들어 놓고 그것을 신으로 섬기는 사람도 있지요. 그러나 우리가 섬기고 경배할 신은 유일한 하나님 한 분뿐입니다. 우리 눈으로 볼 수 없어도 하나님은 분명히 살아 계십니다. 하나님은 우주 만물과 사람을 창조한 분이며 만물의 주관자요, 심판자가 되십니다. 그렇다면 하나님은 구체적으로 어떤 분이실까요?

사실 사람 편에서 하나님에 대해 설명하는 것은 쉬운 일이 아닙니다. 하나님께서는 피조물인 사람을 초월하는 신이며 무한한 존재이기 때문입니다. 한정된 사람의 식견으로 아무리 궁구해 보아도 하나님을 온전히 이해할 수는 없는 것입니다. 그러나 하나님에 대해 전부를 알 수는 없다 해도 하나님 자녀라면 반드시 알아야 할 기본 내용이 있습니다. 지금부터 이에 대해 말씀드리겠습니다.

1 하나님은 창조주이십니다

세상에는 수많은 책이 있지만 우주 만물의 기원과 생성, 그리고 인류의 시작과 끝에 대해 구체적이면서도 확실하게 답변하는 것은 별로 없습니다. 그러나 성경은 이에 대해 참으로 명쾌한 답변을 합니다.

창세기 1장 1절을 보면 "태초에 하나님이 천지를 창조하시니라" 했고, 히브리서 11장 3절에는 "믿음으로 모든 세계가 하나님의 말씀으로 지어진 줄을 우리가 아나니 보이는 것은 나타난 것으로 말미암아 된 것이 아니니라" 말씀하고 있습니다. 우리 눈에 보이는 천지만물은 태초에 하나님 말씀으로 창조되었습니다.

사람은 유에서 유, 즉 이미 존재하는 어떤 재료를 변형하거나 배합하여 다른 존재를 만들어 낼 수 있지만 재료가 전혀 없는 상태에서는 작은 하루살이 한 마리 만들어 낼 수 없습니다. 논란이 거듭되는 복제 동물이나 복제 인간이라도 하나님께서 주신 생명체에서 추출하고 배합해서 만들어 내는 것일 뿐 결코 그 이상은 아니지요.

그러므로 무에서 유를 창조하는 것은 오직 하나님 소관입니다. 창조주 하나님만이 말씀으로 천지 만물을 창조하고 우주 만물과 세계 역사, 인류의 생사화복을 주관하실 수 있는 분입니다.

창조주 하나님을 믿을 수 있는 증거

우리가 사는 집을 보더라도 분명히 설계한 사람이 있고, 작은 나사못이나 볼펜 하나라도 반드시 만들고 조립한 사람이 있습니다. 하물며 광대한 우주 만물이 어찌 우연의 산물이겠습니까. 반드시 이를 만들고 주관하는 주인이 있지요. 성경은 이분이 바로 창조주 하나님임을 가르칩니다.

우리 주변에는 누구나 이해할 수 있는 창조의 증거가 수없이 많습니다. 가장 쉬운 예로, 지구상에는 수많은 사람이 사는데, 인종에 상관없이 모두 눈과 귀는 각각 두 개이고 코는 하나에 콧구멍은 두 개, 입은 하나이며 각각 위치도 같습니다.

이는 각종 동물도 마찬가지입니다. 무리의 법칙에 따라 약간의 차이는 있을 수 있지만 구조는 거의 같습니다. 예컨대, 코끼리는 코가 길지만 그렇다고 해서 그것이 눈 위나 입 밑에, 혹은 머리 꼭대기에 붙어 있는 것이 아닙니다. 코는 얼굴의 정 중앙에 하나 있고 콧구멍은 둘, 눈과 귀도 둘, 입은 하나입니다. 하늘을 나는 모든 새의 종류, 바다의 어족도 다 같은 구조입니다.

뿐만 아니라 음식물이 입을 통하여 위장으로 들어가서 항문으로 나가는 것도 같고, 암수가 결합해서 새 생명이 태어나는 것도 같습니다. 그러니 이 모든 사실을 종합할 때 어찌 우연의 일치라 할 수 있겠습니까? 이같이 사람을 비롯한 수많은 동물이 똑같은 구조를 가졌다는 것은 곧 한 분의 창조주가 설계하고 만들었다는 증거입니다. 만일 신이 한 분이 아니고 여러 분이라면 각각 설계기 달라서 눈이 여러 개 나올 수 있고 위치도 얼마든지 달라질 수 있지요.

이 밖에도 자연과 우주를 살펴보면 그 안에는 수많은 창조의 증거가 있습니다. 태양계 안의 모든 것이 한 치 오차 없이 질서 있게 운행되는 사실만으로도 알 수 있습니다. 예를 들어, 지구를 공전하는 달 하나만 없어도 우리는 살아갈 수 없고 이 땅 위에 생명체가 존재할 수 없습니다. 또 지금 떠 있는 위치에서 더 높아도 안 되고 낮아도 안 됩니다. 하나님께서 가장 적당한 위치에 달을 두어 이 땅 위에 사람이 살아갈 수 있도록 하셨기 때문입니다.

달이 지금의 위치에 있으므로 그 인력에 의해 밀물과 썰물이 생기고 바닷물이 요동하면서 정화작용을 할 수 있습니다. 이와 같이 모든 우주가 하나님의 섭리 가운데 정확하게 돌아가도록 만들어져 있습니다.

창조주 하나님을 믿지 못하는 사람들

만일 우리가 어린 시절부터 '하나님은 살아 계시고 창조주이며 전지전능하신 분'이라는 사실을 배웠다면 진리를 알고 창조주 하나님을 믿는 일이 별로 어렵지 않을 것입니다. 그러나 오늘날 대다수의 사람이 교과 과정에서 진화론의 영향을 받으며, 그 외에도 생활 속에서 습득하는 지식 중에 진리에 비추어 옳지 않은 것이 많이 있습니다.

이러한 환경 속에서 살다가 막상 교회에 나와 하나님 말씀을 듣다 보면 내 생각과 다르고 지금까지 배운 지식과 다르니 의심이 생기고 창조주 하나님이 믿어지지 않지요. 따라서 잘못 입력된 생각이나 지식을 깨뜨리지 않는 한, 마음속에서 의심 없이 믿는 영적 믿음을 갖지 못합니다. 그러니 천국과 지옥을 믿을 리 없고, 자연히 눈에 보이는 세상이 전부라고 생각하여 자기 마음대로 정욕을 좇아 살아갑니다.

오늘날에는 과학이 발달함에 따라 전에는 상상하지 못한 일이 가능해지고 새로운 사실들이 밝혀지고 있습니다. 그러나 여전히 이 세상에는 우리가 아는 것보다 모르는 것이 더 많고 밝혀진 사실보다 밝혀지지 않은 사실이 더 많습니다. 그 당시에는 맞다고 여기던 이론이 시간이 지나면서 완전히 뒤엎어지기도 합니다. 설령 그렇지 않다 해도 새롭게 밝혀지는 사실로 기존 이론과 주장이 계속 보완, 수정되는 것이 현실입니다.

사람이 달에 가기 전에는 "달에 생명체가 있을 것이다. 또한 태양계 안 어딘가에 생명체가 있을 것이다."라고 추측하였으나 막상 다녀와서 "생명체는 없다."고 발표했습니다. 그 후에도 계속하여 생명체를 발견하고자 애썼으나 이렇다 할 성과가 없었습니다. 이처럼 오랜 시간 연구하고 지식을 쌓아도 우주 만물을 창조하신 하나님의 뜻과 섭리, 그리고 하나님의 무한한 창조 능력을 모르고서는 결국 인간의 한계에 부딪히고 맙니다.

로마서 1장 20절을 보면 "창세로부터 그의 보이지 아니하는 것들 곧 그의 영원하신 능력과 신성이 그 만드신 만물에 분명히 보여 알게 되나니 그러므로 저희가 핑계치 못할지니라" 분명히 말씀합니다. 사랑의 하나님께서 누구든지 마음 문을 열면 천지 만물을 통하여 그 능력과 신성을 느낄 수 있고, 살아 계신 하나님을 알고 믿을 수 있도록 끊임없이 역사하십니다.

2 하나님은 스스로 계시는 분입니다

창조주 하나님을 구체적으로 알게 되면 '하나님께서는 맨 처음에 어떻게 존재했을까? 어디서 왔으며 어떠한 모습으로 계시는 분일까?' 하면서 매우 궁금하게 여깁니다. 사람의 생각과 지식은 반드시 처음과 끝이 명확하게 있어야 한다는 한계를 넘지 못하므로 처음과 끝을 알고 싶어 합니다. 그러나 하나님께서는 인간의 관념으로 헤아릴 수 있는 차원을 넘어선 곳에서 영원 전부터 계셨고 지금도 계시며 앞으로도 영원히 계십니다.

출애굽기 3장을 보면 하나님께서는 모세에게 이스라엘 백성을 가나안 땅으로 인도하라는 사명을 주십니다. 그러자 모세는 이스라엘 백성이 하나님 이름을 물으면 무엇이라 말해야 하느냐고 묻습니다. 이때 하나님께서는 모세에게 "나는 스스로 있는 자니라"고 답하며 "너는 이스라엘 자손에게 이같이 이르기를 스스로 있는 자가 나를 너희에게 보내셨다 하라" 명하셨습니다. '스스로 있는 자'란 하나님 자신을 직접 표현한 것인데 누가 낳은 것도 아니고, 만든 것도 아니며 창조주 자체가 되는 완전한 분이란 뜻입니다.

태초에 빛과 소리로 계셨던 하나님

하나님께서는 무엇으로 만들어진 존재가 아니라 태초부터 스스로 계시는 완전한 분인데 과연 어떤 모습으로 어디에 계셨을까요?

하나님께서는 영이시니 우리 눈에 보이는 3차원의 세계가 아닌 영의 세계, 곧 4차원의 세계에 맑고 투명한 소리를 가진 오묘하고 아름다운 빛으로 계시면서 모든 것을 홀로 다스렸습니다.

이에 대해 요한일서 1장 5절에 "우리가 저에게서 듣고 너희에게 전하는 소식이 이것이니 곧 하나님은 빛이시라 그에게는 어두움이 조금도 없으시니라" 말씀합니다. 또한 요한복음 1장 1절에 "태초에 말씀이 계시니라 이 말씀이 하나님과 함께 계셨으니 이 말씀은 곧 하나님이시니라" 말씀합니다. 이 말씀들은 바로 태초에 빛과 소리로 계셨던 하나님의 모습을 표현한 것입니다. 하나님께서는 영롱한 빛으로 계시면서 그 속에 매우 맑고 투명하며 부드러우면서도 온 우주를 올릴 만한 소리(말씀)를 머금고 계셨습니다. 하나님 음성을 직접 들어 본 사람은 이해할 수 있을 것입니다.

창조주가 되시는 하나님께서는 영원 전부터 스스로 계시며 인간 경작의 섭리를 완성하고자 모든 것을 계획하고 진행하셨습니다. '스스로 계신 하나님'에 대하여 온전히 이해하려면 인간적인 사고 방식과 이론, 틀 등을 철저히 깨뜨리고 하나님께서 펼쳐 주시는 창조의 역사들을 받아들여야 합니다. 하나님께서 창조하신 것과는 달리 사람이 만든 물건에는 모두 한계가 있고 허점이 있습니다. 지식과 문명이 발달함에 따라 더욱 좋은 상품을 만들지만 역시 부족한 점이 발견되기는 마찬가지입니다.

그런데 어떤 사람들은 나무를 깎거나 금, 은, 동, 쇠붙이 등으로 형상을 만들어 그것을 신이라 하며 그 앞에 경배하고 복을 빕니다. 호흡도 못하고 눈 하나 깜빡이지 못하는 나무토막이나 돌, 쇳덩이에 불과한 형상을 향해서 말입니다(합 2:18, 19).

사람이 스스로 지혜 있다고 하면서 정작 참된 것과 거짓된 것을 가려내지 못하고 오히려 자신의 손으로 만든 형상을 신이라 하며, 그 앞에서 절한다면 참으로 어리석고 부끄러운 일이 아닐 수 없습니다(롬 1:22~25). 혹시라도 영원 전부터 스스로 계신 하나님을 몰라서 그런 헛된 우상을 섬기고 경배했다면 철저히 회개하고 창조주 하나님을 믿어야 하겠습니다.

3 하나님은 전지전능하십니다

창조주 하나님께서는 전지전능한 분입니다. 성경에는 인간의 힘과 능력으로는 행할 수 없는 놀라운 기사와 표적이 수없이 기록되어 있습니다. 전지전능한 하나님의 역사는 각 시대마다 세운 하나님의 사람에게서 나타났으며 오늘날에도 끊임없이 보여 주십니다. 요한복음 4장 48절에 "너희는 표적과 기사를 보지 못하면 도무지 믿지 아니하리라" 하신 대로 전지전능함을 보지 못하면 하나님을 도무지 믿지 않기 때문입니다.

놀라운 기사와 표적으로 역사하시는 하나님

출애굽기를 보면 하나님께서 이스라엘 백성을 출애굽시켜 가나안 땅으로 인도하는 과정에 모세를 통하여 얼마나 놀라운 기사와 표적을 행하셨는지 구체적으로 알 수 있습니다.

끝까지 하나님 뜻을 거역하는 애굽에 열 가지 재앙을 내리기도 하고 홍해를 갈라 이스라엘 백성이 마른 땅으로 건너게 했으며 뒤따르는 애굽 군대를 수장하셨습니다. 출애굽한 뒤에도 반석에서 물이 나오고 마라의 쓴물이 단물로 변하며 하늘에서 만나를 내려 수백만 명의 사람이 광야에서 살아갈 수 있도록 도와주십니다. 또한 엘리야를 통하여 3년 반의 가뭄을 예언하게 하고 간절히 기도하여 불의 응답과 큰 비를 내리게 했으며 죽은 사람을 살리게도 하셨습니다.

이처럼 전지전능한 하나님의 역사는 어제나 오늘이나 같으므로 성경을 보면 구약 시대뿐 아니라 신약 시대에도 무수히 나타납니다. 하나님의 아들 예수님께서는 죽은 지 나흘이나 된 나사로를 살려냈고, 소경의 눈을 뜨게 했으며 갖가지 병든 사람이나 연약한 사람, 귀신 들린 사람을 치료해 주셨습니다. 또한 물 위를 걸으며 바람과 파도를 잔잔케 하셨습니다.

사도 바울에게는 희한한 능이 나타나 심지어 사람들이 그의 몸에서 손수건이나 앞치마를 가져다가 병든 사람에게 얹으니 병이 떠나고 악귀도 나갔습니다(행 19:11, 12). 예수님의 수제자 베드로를 통해서도 수많은 표적이 나타나니 병든 사람을 메고 거리에 나가 뉘고 베드로의 그림자라도 덮이길 바랄 정도였습니다(행 5:15).

이 외에도 초대교회 당시 하나님께서는 스데반이나 빌립과 같은 집사에게서도 기사와 표적이 나타나게 하셨고, 오늘날도 합당한 사람들을 통하여 하나님의 전지전능함을 놀라운 기사와 표적으로 입증하고 계십니다.

4 하나님은 성경의 저자이십니다

영이신 하나님께서는 사람의 눈에 보이지 않으므로 여러 가지 방법으로 자신을 나타내셨습니다. 천지 만물, 하나님의 권능으로 치료되고 응답받은 사람들의 간증을 통하여 자신을 알려 주십니다. 특별히 우리는 성경을 통하여 하나님의 참 모습을 구체적으로 알게 되고 살아 계신 하나님을 만나 구원과 영생에 이릅니다. 하나님의 마음을 알게 되므로 그분을 사랑하는 방법과 사랑받는 비결을 터득하여 성공적인 삶을 영위하며 하나님께 영광 돌릴 수 있습니다.

모든 성경은 하나님의 감동으로 된 것

베드로후서 1장 21절을 보면 성경은 '오직 성령의 감동함을 입은 사람들이 하나님께 받아 기록한 것'이라 했고, 디모데후서 3장 16절에는 '모든 성경은 하나님의 감동으로 된 것'이라 했습니다. 이는 성경 66권이 오직 하나님 뜻으로 기록된 말씀이라는 것입니다. 그래서 성경을 보면 기록자들이 '하나님이 가라사대' 혹은 '여호와께서 이르시되', '주 하나님이 가라사대'라는 표현을 수없이 한 것입니다. 이것은 성경이 자신들의 말이 아니라 하나님 말씀임을 입증하기 위해서이지요.

성경은 구약 39권, 신약 27권으로 모두 66권이며 기록한 사람은 약 34명으로 추산되고, 그 기간은 주전 1,500년부터 주후 100년까지 약 1,600년간입니다. 그런데 놀라운 것은 성경이 이렇게 오랜 기간 여러 사람의 손에 기록되었는데도 처음부터 끝까지 완전히 하나의 통일성을 지니며 짝을 이룬다는 점입니다.

"너희는 여호와의 책을 자세히 읽어 보라 이것들이
하나도 빠진 것이 없고 하나도 그 짝이 없는 것이 없으리니
이는 여호와의 입이 이를 명하셨고 그의 신이
이것들을 모으셨음이라"(사 34:16)

이렇게 될 수 있었던 것은 성령께서 기록자들의 마음을 주관하여 친히 모으셨기 때문이며 성경의 저자가 하나님이기 때문입니다. 그러니 성경을 기록한 사람은 하나님을 대신한 대필자에 불과하고 그 저자는 하나님이라는 사실을 혼동해서는 안 됩니다.

가령, 시골에 사는 노모가 서울에 있는 작은아들에게 편지를 보낸다고 합시다. 어머니는 글을 전혀 모르므로 함께 사는 큰아들에게 내용을 불러 쓰게 하고 편지를 보냈다면, 작은아들은 이 편지를 보면서 '형님 글씨인 것을 보니 형님이 나에게 보낸 것이구나.'라고 생각하는 것이 아니라 '어머니께서 보내셨구나.'라고 생각하는 것과 같은 이치이지요.

하나님의 약속과 축복이 담긴 사랑의 편지

성경은 하나님께서 기록하여 사람에게 보내신 사랑의 편지입니다. 우리로 하여금 하나님 마음과 뜻을 알 수 있도록 전하신 말씀입니다. 이러한 하나님 말씀은 영이요 생명이므로(요 6:63) 그 말씀을 듣고 믿는 사람마다 생명을 얻어 영생에 이릅니다.

또한 하나님께서는 사람들에게 자신의 모습을 나타내고자 육신을 입고 이 땅에 오셨는데 그분이 바로 예수님입니다. 요한복음 14장 8절 이하에 보면 제자 빌립이 예수님께 하나님을 보여 달라고 요청하는 장면이 나옵니다. 이때 예수님께서는 "나를 본 자는 아버지를 보았거늘 어찌하여 아버지를 보이라 하느냐 … 내가 아버지 안에 있고 아버지께서 내 안에 계심을 믿으라 그렇지 못하겠거든 행하는 그 일을 인하여 나를 믿으라" 말씀하셨습니다.

하나님의 능력이 아니면 도저히 이룰 수 없는 일들을 행하시며 자신이 하나님과 하나임을 분명히 증거했는데도 하나님을 보여 달라고 하니 예수님께서는 자신이 행하는 그 일을 보고 믿으라고 말씀하신 것입니다. 이와 같이 하나님께서는 육의 눈으로 볼 수 없는 자신을 나타내고자 육신을 입고 이 땅에 오셨으며, 성경이라는 사랑의 편지를 기록하게 했습니다. 우리가 성경을 통하여 하나님의 뜻과 섭리를 알아서 그 말씀대로 준행하면 성경에 약속된 모든 응답과 축복을 받을 수 있습니다.

5 성경에 기록된 하나님 말씀은 참입니다

우리는 역사적 기록에서 그 당시 인물이나 사건에 대한 지식을 얻습니다. 역사는 사회 변천사를 기록한 것으로서 어떤 사건이나 인물 또는 그 시대의 생활상을 자세히 알려 줍니다. 성경이 참이라는 것은 이러한 인류 역사가 증명합니다.

성경에 기록된 모든 사건이나 등장하는 인물, 장소나 관습 등을 살펴보면 매우 역사적이고 사실적입니다. 아담과 하와에서 시작된

개인과 민족, 단체들에게 있었던 크고 작은 일을 오직 객관적인 사실에 근거하여 진실하게 전하고 있습니다. 그러므로 이스라엘에서는 구약을 경전으로 삼고 있을 뿐 아니라 민족의 역사서로 인정하는 것입니다. 더욱이 성경에 예언된 말씀이 그대로 이루어졌고, 또한 이루어져 가고 있음을 역사를 통해 알 수 있습니다.

역사를 통해 알 수 있는 성경의 진실성

그러면 성경을 근거로 이스라엘 역사를 간략하게 살펴볼까요?

인간의 시조 아담이 죄를 범하여 그 후손인 온 인류가 타락의 길을 걸어 점점 하나님과 멀어지면서 결국 자신을 지은 하나님을 알지 못한 채 살아가게 되었습니다. 그러자 하나님께서는 한 민족을 택하여 그 뜻과 섭리를 알리고자 하셨지요.

먼저 가장 마음밭이 좋은 아브라함을 부르시고 연단하여 믿음의 조상으로 세웠습니다. 아브라함이 이삭을 낳고, 이삭이 야곱을 낳았는데 하나님께서는 야곱을 이스라엘이라고 부르고 그의 열두 아들로 이스라엘 열두 지파를 이루게 하셨습니다.

하나님께서는 열두 지파로 나라를 형성케 하고 그들에게 율법을 주어 하나님 말씀대로 살아가도록 이끄셨습니다. 이스라엘 역사를 살펴보면 하나님 말씀대로 순종하면 태평성대를 누렸고, 우상을 섬기면 나라가 기울고 외세 침략을 받아 압제에 시달렸으며, 악에서 다시 회개하고 돌이키면 나라가 회복되었습니다. 이처럼 하나님께서는 살아 계셔서 하나님 말씀대로 이끌어 가신다는 것을 이스라엘을 중심으로 한 세계 역사를 통해 온 인류에게 알려 주신 것입니다.

예를 들면, 누가복음 19장 41절 이하에 예수님께서 예루살렘 성을 보고 말씀하시기를 "날이 이를지라 네 원수들이 토성을 쌓고 너를 둘러 사면으로 가두고 또 너와 및 그 가운데 있는 네 자식들을 땅에 메어치며 돌 하나도 돌 위에 남기지 아니하리니 이는 권고받는 날을 네가 알지 못함을 인함이니라" 하셨습니다.

불법이 성한 예루살렘이 앞으로 어떻게 멸망할 것을 말씀하신 것인데, 이로부터 40여 년이 지난 A.D. 70년에 로마의 타이터스 장군이 예루살렘에 토성을 쌓아 사면으로 둘러 가두고 성 안에 있는 사람들을 모두 죽임으로 말씀이 그대로 이루어진 것을 역사가 증명합니다. 마태복음 24장 32, 33절에는 이스라엘을 상징하는 무화과나무를 비유로 주님이 재림하실 끝 날이 가까이 이르면 이스라엘이 독립할 것을 말씀하셨습니다. 결국 하나님 말씀대로 A.D. 70년에 멸망하여 1,900여 년간 흔적도 없던 이스라엘이 1948년 5월 14일에 기적적으로 다시 세워진 것 역시 역사가 증명합니다.

구약의 예언과 신약의 성취

그러면 구약의 예언이 신약에 와서 과연 어떻게 성취되었을까요?

구약의 율법은 하나님의 참 자녀를 얻을 수 있는 온전한 길이 아니었습니다. 다만 하나님을 나타내 보이기 위한 그림자에 불과합니다. 그래서 하나님께서 성경 곳곳에 메시아의 약속을 주셨고 때가 이르자 약속대로 본체인 예수님을 이 땅에 보냈습니다.

예수님께서 약 2천 년 전에 이 땅에 오신 것은 분명한 사실입니다. 서양 역사는 예수님 탄생을 기점으로 B.C.와 A.D.로 구분하기 때문입니다. B.C.는 Before Christ의 약자로 주님이 태어나기 이전의 역사를 말하며, A.D.는 라틴어 Anno Domini의 약자로 그리스도 탄생을 기원으로 한다는 뜻입니다. 즉 인류 역사 자체가 예수님 탄생을 증명하지요.

또한 창세기 3장 15절을 보면 "내가 너로 여자와 원수가 되게 하고 너의 후손도 여자의 후손과 원수가 되게 하리니 여자의 후손은 네 머리를 상하게 할 것이요 너는 그의 발꿈치를 상하게 할 것이니라" 말씀하셨습니다. 구세주가 여자의 후손으로 오셔서 사망 권세를 깨뜨릴 것을 예언한 것이지요. 여기서 여자란 이스라엘을 뜻하는데, 실제로 예수님께서는 이스라엘 유다 지파에 속하는 요셉의 아들로 이 땅에 오셨습니다(눅 1:26~32).

이사야 7장 14절을 보면 "그러므로 주께서 친히 징조로 너희에게 주실 것이라 보라 처녀가 잉태하여 아들을 낳을 것이요 그 이름을 임마누엘이라 하리라" 말씀하셨습니다. 인류의 죄를 구속하러 오시는 하나님 아들이 성령으로 잉태될 것을 말씀한 것입니다. 예수님은 동정녀 마리아의 몸을 빌려 성령으로 잉태되어 이 땅에 태어났습니다(마 1:18~25).

미가서 5장 2절에는 예수님께서 베들레헴에서 태어날 것이 예언되어 있습니다. "베들레헴 에브라다야 너는 유다 족속 중에 작을지라도 이스라엘을 다스릴 자가 네게서 내게로 나올 것이라 그의 근본은 상고에, 태초에니라" 한 것입니다. 이 말씀대로 예수님은 헤롯 왕 때에 유대 베들레헴에서 태어났으며(마 2:1), 이 또한 역사가 증명합니다.

예수님 탄생 시 헤롯 왕이 어린아이들의 피를 흘리게 할 것(렘 31:15 ; 마 2:16), 예수님의 예루살렘 입성(슥 9:9 ; 마 21:1~11), 그리고 시편 16편 10절과 68편 18절에 주님께서 부활, 승천할 것임을 예언하였는데 모두 그대로 이루어진 것(행 1:9)을 볼 수 있습니다.

뿐만 아니라 예수님을 3년 동안이나 따라다니면서 함께한 가룟 유다가 배반할 것(시 41:9)과 가룟 유다가 은 삼십에 예수님을 팔 것(슥 11:12)까지도 이미 예언된 것입니다. 이처럼 구약에 기록된 모든 예언이 신약에 와서 그대로 이루어진 사실만으로도 성경은 참이고, 하나님 말씀인 것을 믿을 수 있습니다.

성경의 예언대로 성취될 사건

하나님께서는 구약의 예언을 신약 시대에 이루심으로써 예수 그리스도가 우리 구세주가 되게 하셨습니다. 비단 예수님에 대한 예언뿐 아니라 이스라엘과 인류 역사에 관해 앞으로 될 일이 성경에 기록되어 있고, 지금까지 한 치 오차도 없이 이루어졌습니다.

또한 세계 역사를 살펴보면 성경에 기록된 모든 예언이 그대로 성취되었고, 그대로 돼 가는 것을 발견할 수 있습니다. 구약 및 신약 시대의 예언자들은 하나님의 계시나 환상에 의해 열강의 흥망성쇠와 예루살렘의 파괴와 재건, 특정 개인의 장래사 등을 예언하였는데 그중 많은 예언이 이미 이루어졌고, 또한 이루어지고 있습니다.

오직 앞으로 이루어질 예수 그리스도의 공중 강림과 휴거, 7년 대환난, 천년왕국, 백보좌 대심판 등만이 남아 있을 뿐입니다. 주님께서 약속한 대로 우리의 처소를 준비하고(요 14:2) 곧 다시 오셔서 우리를 영원한 그곳으로 데려갈 것입니다.

우리는 성경이 참임을 믿고 지구촌 곳곳에서 끊임없이 일어나는 기근과 지진, 기상이변과 대형 사고들을 우연의 일치로 돌릴 것이 아니라 마지막 때의 징조임을 깨달아(마 24:3~14) 더욱 신부 단장에 힘써야 하겠습니다.

2장
인간을 창조하고
경작하시는 하나님

"하나님이 자기 형상 곧 하나님의 형상대로
사람을 창조하시되 남자와 여자를 창조하시고
하나님이 그들에게 복을 주시며 그들에게 이르시되
생육하고 번성하여 땅에 충만하라, 땅을 정복하라,
바다의 고기와 공중의 새와 땅에 움직이는
모든 생물을 다스리라 하시니라"
(창 1:27, 28)

많은 사람이 "인간은 어디에서 와서 어디로 가는가", "인생의 의미와 목적은 무엇인가" 등에 대한 해답을 찾고자 깊이 생각합니다. 세계적인 성인이라고 불리는 공자나 석가모니, 소크라테스도 근본적인 해답을 찾고자 힘썼습니다.

공자는 인을 정치, 윤리상의 이상으로 하는 도덕주의를 설파하며 많은 제자를 양성했고, 석가모니는 생로병사의 번뇌에서 해탈하고자 스스로 고행의 길을 갔으며, 소크라테스도 나름대로 진리를 추구하며 참다운 지식을 탐구하고자 했습니다.

그러나 어느 누구도 근본적인 해답을 찾지 못하여 참된 진리에 이르지 못했으며 영원한 생명을 줄 수 없었습니다. 창세 전부터 감추어진 진리는 사람의 눈에 보이지 않고 손으로 만질 수 없는 영적인 것이기 때문이지요. 인간을 창조하고 경작하시는 창조주 하나님의 놀라운 섭리를 깨우칠 때라야 비로소 그에 대한 명쾌한 해답을 찾을 수 있습니다.

1 인간을 창조하신 하나님

우리가 인생의 의미와 목적을 깨우치려면 하나님께서 인간을 창조하고 경작하시는 이유를 분명히 알아야 합니다. 우리의 신체를 살펴보면 모든 기관과 세포들이 얼마나 신기하고 묘하게 구성되어 있는지요. 이러한 인간을 창조하신 하나님께서는 영원토록 사랑을 나눌 수 있는 참 자녀를 얻기 원하십니다. 그러면 창조주 하나님께서 어떻게 천지 만물을 지으시고 인간을 창조했는지 알아보겠습니다.

엿새 동안 천지 만물을 창조하신 하나님

창세기 1장을 보면 태초에 하나님께서 천지 만물을 창조하신 과정이 구체적으로 기록되어 있습니다. 하나님께서 "빛이 있으라" 하시니 빛이 있었고 "천하의 물이 한 곳으로 모이고 뭍이 드러나라" 하시니 그대로 되었지요.

히브리서 11장 3절에 "믿음으로 모든 세계가 하나님의 말씀으로 지어진 줄을 우리가 아나니 보이는 것은 나타난 것으로 말미암아 된 것이 아니니라" 하신 대로 창조주 하나님께서는 천지 만물을 말씀으로 창조하셨습니다.

첫째 날에 빛을, 둘째 날에는 궁창인 하늘을 창조하셨으며, 셋째 날에는 천하의 물을 한 곳으로 모이게 한 뒤 드러난 뭍을 땅이라 하고 모인 물을 바다라 부르셨습니다. 그리고 땅에는 각종 풀과 씨 맺는 채소와 각기 종류대로 씨를 가진 열매 맺는 과목이 나게 하셨습니다.

또한 넷째 날에는 하늘에 해와 달, 그리고 별을 창조하시고 해로는 낮을 주관하며 달로는 밤을 주관하게 했습니다. 다섯째 날에는 물고기와 물에서 번성하여 움직이는 모든 생물과 하늘을 나는 새를 종류대로, 여섯째 날에는 육축과 기는 것과 땅의 짐승을 종류대로 창조하셨습니다.

하나님께서는 엿새 동안 천지 만물을 창조하고 사람이 살아갈 수 있는 모든 환경을 아름답게 조성하셨습니다. 그리고 마지막으로 하나님 형상을 따라 사람을 창조하며 만물의 영장으로서 모든 만물을 정복하고 다스리도록 축복하신 것입니다(창 1:27, 28).

하나님의 형상을 따라 흙으로 창조된 사람

창조주 하나님께서 사람을 지을 때에 구체적으로 어떻게 만드셨을까요? 창세기 2장 7절을 보면 "하나님이 흙으로 사람을 지으시고 생기를 그 코에 불어넣으시니 사람이 생령이 된지라" 말씀합니다. 여기서 흙이란 진흙을 말합니다. 뛰어난 도공은 좋은 진흙을 사용하여 수천만 원 혹은 수억 원대를 호가하는 도자기를 만들어 냅니다. 그런가 하면 어떤 사람은 질그릇이나 기왓장, 혹은 값싼 벽돌을 만들어 내기도 하지요. 누가 어떤 재료로 어떤 물건을 만들었느냐에 따라 가치가 엄청나게 달라집니다. 그런데 전지전능한 하나님께서 자기 형상을 따라 사람을 빚으셨으니 얼마나 아름답겠습니까.

이렇게 흙으로 사람을 빚으신 뒤에는 그 코에 생기를 불어넣었습니다. 그러자 사람이 살아 있는 영, 곧 생령이 된 것입니다. 생기란 하나님의 기로서 힘, 능력, 에너지, 영을 의미합니다.

코에 생기를 불어넣어 생령이 된 사람

사람이 생령으로 창조된 과정은 형광등이 빛을 내기까지의 과정을 생각해 보면 쉽게 이해할 수 있습니다. 형광등이 빛을 내게 하려면 먼저 잘 조립된 형광등이 있어야 합니다. 그러나 그 상태로는 빛을 낼 수 없으며 전원과 연결되어 전류가 흘러야 비로소 빛을 냅니다.

가정에 있는 텔레비전도 마찬가지지요. 아무런 움직임도 없이 죽어 있는 듯한 물건인데 전원을 연결하면 화면에 갖가지 영상이 나타납니다. 그런데 이렇게 화면을 띄우기까지에는 외관상으로 스위치만 움직이는 것 같지만 그 속에는 오밀조밀한 부속품이 매우 복잡하게 조립되어 있습니다.

이와 마찬가지로 하나님께서는 단순히 흙으로 사람의 형상만을 빚은 것이 아닙니다. 그 안에 오장육부와 뼈도 만들어 놓고, 피가 통할 수 있는 핏줄과 또한 완벽하게 기능을 발휘할 수 있는 신경조직도 다 만들어 놓은 것입니다. 이런 상태에서 전류를 통하게 하듯 하나님 능력이 들어 있는 생기를 불어넣으니 곧 피가 돌고 호흡하며 움직일 수 있게 된 것이지요.

또한 머리의 뇌세포 안에 기억 장치를 만들어 놓으니 사람이 듣고 보고 느끼는 대로 입력이 되고 기억하면서 지식이 되고, 이것이 재생되어 나오니 생각이 되며, 지식을 활용하여 지혜가 되었습니다.

피조물인 사람도 지혜와 지식이 더하여 문자나 사람의 음성을 인식하여 대화할 수 있는 컴퓨터까지 만들어 내는데, 전지전능한 하나님께서 흙으로 사람의 형상을 빚고 생기를 불어넣어 생령을 만드는 것이 어찌 어려운 일이겠습니까. 무에서 유를 창조하시는 하나님 능력으로는 참으로 쉬운 일이지만 한계가 있는 사람으로서는 너무나 신기하고 측량하기 어려운 일이지요(시 139:13, 14).

2 인간을 경작하시는 하나님

성경을 보면 예수님께서는 많은 비유로써 하나님 뜻과 섭리를 알려 주셨습니다. 인간의 지식으로는 영의 세계를 이해할 수 없기 때문에 이 땅의 것들로 비유하여 깨우쳐 주고자 한 것입니다(마 13:34, 35). 그런데 특별히 경작에 관한 비유가 많이 나옵니다. 예컨대, 씨 뿌리는 비유(마 13:3~23 ; 막 4:3~20 ; 눅 8:4~15), 겨자씨 비유(마 13:31, 32 ; 막 4:30~32 ; 눅 13:18, 19), 밭의 가라지의 비유(마 13:24~30, 36~43), 포도원의 비유(마 20:1~16), 불의한 농부의 비유(마 21:33~41 ; 막 12:1~9 ; 눅 20:9~16) 등이 있지요.

이는 농부가 땅을 개간하여 씨를 뿌리고 가꾸어 열매를 거두듯 하나님께서도 이 땅에서 인간을 경작한다는 사실과 때가 되면 알곡을 천국으로 들인다는 사실을 알려 주기 위해서입니다.

하나님과 사랑을 주고받을 수 있는 자녀를 얻고자

하나님께서는 신성과 인성을 함께 지닌 분입니다. 신성은 전지전능한 창조주 능력 자체이며, 인성은 인간의 마음을 의미하지요. 그래서 하나님께서는 우주 만물을 창조하고 주관하며 인류 역사와 인생의 생사화복을 주관하는 한편, 희로애락을 느끼며 사랑을 주고받기 원하십니다.

성경을 보면 하나님의 인성을 알 수 있는 내용이 많이 나옵니다. 하나님께서 택한 이스라엘 백성이 의를 행하면 기뻐하고 즐거워하며 축복하지만, 죄를 지으면 슬퍼하며 탄식하고 진노하시는 장면이 곳곳에 기록되어 있습니다.

만일 하나님께 신성만 있다면 엿새 동안 천지 창조를 마친 후에 안식할 필요도 없고, "쉬지 말고 기도하라"(살전 5:17), "너는 내게 부르짖으라 내가 네게 응답하겠고 네가 알지 못하는 크고 비밀한 일을 네게 보이리라"(렘 33:3) 하시며 우리와 교제하기를 원할 까닭도 없지요.

우리는 때때로 홀로 있는 것이 좋지만 진정 자신의 마음과 맞고 서로 사랑을 주고받을 수 있는 벗이 있다면 더욱 행복하고 즐겁습니다. 이처럼 하나님께서도 사랑을 주고받을 수 있는 대상을 원했기 때문에 인간을 창조하고 경작하시는 것입니다. 진정 하나님 마음을 이해하고 깨달아 중심에서 하나님을 사랑할 수 있는 참 자녀를 얻기 위해서입니다.

자유 의지 속에 순종하는 자녀를 원하시는 하나님

가령, 두 자녀가 있다고 합시다. 한 자녀는 시키는 대로만 순종할 뿐 아무런 감정이 없는 듯 자신의 의견이나 사랑을 표현하지 않습니다. 반면에 다른 자녀는 자신의 의지 가운데 때로는 부모를 서운케 하지만 이내 돌이키며 사랑스럽게 매달리기도 하고 여러 가지로 자신의 마음을 표현합니다. 그렇다면 이들 가운데 어떤 자녀를 더욱 원하고 사랑하겠습니까? 당연히 후자일 것입니다.

또한 가정에 로봇이 있어 밥도 짓고 청소도 하며 모든 시중을 다 들어 준다고 합시다. 그렇다고 해서 자녀보다 로봇에게 더욱 정이나 사랑이 가지는 않을 것입니다. 로봇이 아무리 유익하다고 해도 자녀를 대신할 수 없기 때문입니다.

하나님께서도 이성과 감정을 가지고 자유 의지 가운데 즐거이 순종하는 사람을 원하셨습니다. 그래서 사람에게 자유 의지를 주시되 진리인 하나님 말씀을 가르치며 참 자녀로 나오기까지 오래 참고 기다리시는 것입니다.

부모의 심정으로 인간을 경작하시는 하나님

창세기 6장 5, 6절에는 '하나님께서 사람의 죄악이 세상에 관영함과 그 마음의 생각의 모든 계획이 항상 악할 뿐임을 보시고 땅 위에 사람 지으셨음을 한탄하사 마음에 근심하셨다'는 내용이 있습니다.

그렇다면 하나님께서 사람을 창조하실 때에 이렇게 될 줄 몰랐을까요? 결코 그렇지 않습니다. 하나님께서는 전지전능하니 만세 전에 이미 모든 것을 알고 계셨습니다. 사람이 불순종하고 타락하여 한탄하고 근심하게 될 것을 알았지만 인간을 창조하셨습니다.

자녀를 낳아 기르는 부모 심정을 안다면 이해할 수 있을 것입니다. 사람이 자녀를 낳아 기른다는 것이 얼마나 고생스러운 일입니까? 잉태한 열 달 동안 여러 고통이 따르고 해산할 때에도 큰 수고를 해야 합니다. 자녀를 먹이고 입히며 가르치기 위해 얼마나 힘써 일하며 밤낮으로 수고해야 하는지요. 혹 자녀가 늦게 들어와도 염려하고, 아플 때면 자기 몸이 아픈 것보다 더 안타깝고 고통스럽습니다.

이처럼 고생을 하면서도 부모가 자녀를 낳아 기르는 이유는 부모의 사랑을 느끼고 부모를 진정으로 사랑해 줄 수 있는 대상을 원하기 때문입니다. 그러니 수고해도 행복한 것이지요. 더구나 부모를 쏙 빼닮은 자녀라면 얼마나 사랑스럽겠습니까.

물론 모든 자녀가 성장해서 부모에게 효도한다는 보장은 없습니다. 효도하는 자녀가 있는가 하면 마음을 아프게 하는 자녀도 있기 마련이지요. 그러나 부모는 이를 알면서도 자녀가 훌륭하게 성장하여 큰 기쁨이 될 것을 기대하며 고생이라 생각지 않고 많은 수고를 하는 것입니다. 마찬가지로 하나님께서도 사람이 불순종하여 타락할 것과 이로 인해 근심할 것도 알았지만 사랑을 주고받을 수 있는 참 자녀가 나올 것을 알기 때문에 기꺼이 인간을 경작하십니다.

참 자녀를 통해 영광받기 원하시는 하나님

수많은 천군 천사가 천국에서 하나님을 찬양하며 경배하지만 하나님께서는 친히 창조하고 경작하신 참 자녀들을 통하여 마음 중심에서 우러나오는 영광을 받기 원하십니다.

그래서 이사야 43장 7절에 "무릇 내 이름으로 일컫는 자 곧 내가 내 영광을 위하여 창조한 자를 오게 하라 그들을 내가 지었고 만들었느니라" 하셨고, 고린도전서 10장 31절에는 "그런즉 너희가 먹든지 마시든지 무엇을 하든지 다 하나님의 영광을 위하여 하라" 교훈하시지요.

창조주 하나님께서는 참으로 영광을 받기에 합당한 분입니다. 또한 우리를 통해 영광을 받는 만큼 이 땅에서 넘치는 축복으로 갚아 주시며 장차 천국에서도 영원한 영광으로 되돌려 주는 분입니다. 그러므로 하나님께서 창조하고 경작하신 참 자녀를 통해 영광 받기 원하시는 이유를 깨달아 하나님과 사랑을 주고받을 수 있는 자녀가 되어야 하겠습니다.

3 알곡과 쭉정이를 가르시는 하나님

농부가 열심히 땅을 갈고 씨를 뿌리며 농사를 짓는 이유는 추수 때에 많은 소산을 거두기 위해서입니다. 이처럼 하나님께서도 마음 중심에서 하나님을 사랑하며 영광을 돌리는 참 자녀를 많이 얻기 원하십니다. 농부는 최선을 다해 경작하지만 추수 때에는 알곡만 있는 것이 아니라 쭉정이도 섞여 나오기 마련입니다. 그래서 알곡과 쭉정이를 갈라 알곡은 창고에 들이고 쭉정이는 불에 태웁니다. 이와 마찬가지로 하나님께서도 인간 경작을 마친 뒤에는 알곡과 쭉정이를 가르십니다.

"손에 키를 들고 자기의 타작마당을 정하게 하사
  알곡은 모아 곳간에 들이고

쭉정이는 꺼지지 않는 불에 태우시리라"(마 3:12)

하나님께서는 때가 되면 참 자녀인 알곡은 천국에 들이지만 쭉정이는 영원히 꺼지지 않는 지옥불에 태우시지요. 그러면 알곡과 쭉정이란 구체적으로 어떤 사람을 말하며, 이들이 영원히 있게 될 천국과 지옥은 과연 어떠한 곳일까요?

알곡과 쭉정이의 영적 의미

알곡이란 예수 그리스도를 영접하여 진리 안에 살면서 하나님을 사랑하고 사랑받는 사람들을 말합니다. 즉 잃었던 하나님의 형상을 회복하여 말씀대로 행하는 빛의 자녀들이지요. 반면에 쭉정이란 예수 그리스도를 영접하지 않거나 입술로는 믿는다지만 말씀 안에 살지 않고 여전히 악을 행하며 세상의 정욕을 좇아 살아가는 사람을 말합니다.

디모데전서 2장 4절에 "하나님은 모든 사람이 구원을 받으며 진리를 아는 데 이르기를 원하시느니라" 말씀하신 대로 하나님께서는 모든 사람이 알곡이 되어 천국에 들어오기를 원하십니다. 그래서 여러 방법으로 깨우치시며 구원의 길로 인도하지만 자유 의지 속에서 끝내 하나님의 뜻과 섭리를 거스르는 사람이 나옵니다. 이들은 하나님 앞에서 사람으로서의 가치를 상실했으므로 짐승과 다를 바

없습니다.

그러므로 사람의 가치를 잃은 쭉정이를 알곡과 함께 천국에 들일 수는 없습니다. 또한 사람은 짐승과 달리 하나님께서 창조하실 때에 생기를 불어넣었기 때문에 영원불멸하는 영혼이 있으므로 아예 무 상태로 멸해 버릴 수도 없지요. 결국 하나님께서는 알곡은 모아서 천국에 들여 영원한 행복을 누리게 하고, 쭉정이는 세세토록 꺼지지 않는 지옥불에 태울 수밖에 없습니다.

천국의 아름다움과 지옥의 참상

천국은 이 땅의 어떤 것과도 비교할 수 없을 정도로 매우 아름답고 깨끗한 곳입니다. 예를 들면, 이 땅의 꽃은 금방 시들고 말지만 천국에서는 모든 것이 영원하기 때문에 꽃이 떨어지는 법이 없고 시들거나 변하지도 않습니다. 길은 맑은 유리 같은 정금이며, 수정같이 빛나는 생명수 강이 흐르고 집마다 각종 황금 보석으로 이루어진 말할 수 없이 아름다운 곳이지요(「천국」책자 참조).

반면에 지옥은 구더기도 죽지 않고 불도 꺼지지 않는 곳으로 사람마다 불로써 소금 치듯 함을 받는 참으로 끔찍한 곳입니다(막 9:48, 49). 이러한 불못과 그보다 일곱 배나 더 뜨거운 유황못에 빠져 영원히 있어야 하니 얼마나 무섭고 고통스런 일이겠습니까(「지옥」책자 참조). 그래서 예수님께서는 마가복음 9장 43절 이하에서 죄를 짓는 손과 발을 찍어버리고라도 하나님 나라에 들어가는 것이 낫다고 말씀하십니다.

사랑의 하나님께서 아름다운 천국과 함께 참혹한 지옥을 두실 수밖에 없는 이유는 무엇일까요? 농부가 알곡과 쭉정이를 함께 두지 않는 것과 같은 이치입니다. 만일 선과 사랑만이 넘쳐나는 사람들이 모인 곳에 온갖 악으로 가득한 사람이 함께한다면 아름다운 천국이 오염될 수밖에 없기 때문입니다. 따라서 지옥을 따로 둔 것도 근본 하나님의 사랑에서 비롯된 것이지요.

알곡과 쭉정이를 가르는 백보좌 대심판

농부가 씨를 뿌리고 거두는 일이 한 해로 끝나지 않고 계속되는 것같이 하나님께서도 아담이 에덴동산에서 쫓겨난 이후 정한 때가 이르기까지 인간을 경작하십니다.

성경에 기록된 대로 노아, 아브라함, 모세, 엘리야, 세례 요한, 베드로, 사도 바울 등 믿음의 선진을 통하여 하나님 뜻을 전하며 경작하셨고, 오늘날에도 하나님의 종과 일꾼을 통하여 끊임없이 경작하십니다. 하지만 시작이 있으면 반드시 끝이 있듯이 이 땅에서 인간을 경작하는 것도 한없이 계속되지는 않습니다.

베드로후서 3장 8절에 "사랑하는 자들아 주께는 하루가 천 년 같고 천 년이 하루 같은 이 한 가지를 잊지 말라" 말씀하신 대로 정한 때가 이르면 인간 경작이 끝납니다.

하나님께서 엿새 동안 천지 창조 사역을 마치고 일곱째 날에 안식하신 것처럼, 아담이 불순종한 이후 6천 년의 인간 경작이 끝나면 주님의 재림과 함께 안식 기간인 천년왕국이 이어집니다. 그리고 백보좌 대심판을 통해 알곡은 천국으로 들이고 쭉정이는 지옥불에 던져 태우지요. 인간을 창조하고 경작하시는 하나님의 놀라운 섭리와 크신 사랑을 깨달아 인생의 의미와 목적을 분명히 알고 믿음으로써 천국과 영생을 소유하는 참 자녀가 되기 바랍니다.

3장
하나님께서 선악과를
두신 이유

"여호와 하나님이 그 사람을 이끌어
에덴동산에 두사 그것을 다스리며 지키게 하시고
여호와 하나님이 그 사람에게 명하여 가라사대
동산 각종 나무의 실과는 네가 임의로 먹되
선악을 알게 하는 나무의 실과는 먹지 말라
네가 먹는 날에는 정녕 죽으리라 하시니라"
(창 2:15~17)

창조주 하나님의 크신 사랑과 깊고 오묘한 인간 경작의 섭리를 모르는 사람들은 "하나님은 왜 선악과를 두어 사람을 멸망의 길로 가게 하셨느냐?"고 묻습니다. 만일 하나님께서 선악과를 두시지 않았더라면 사람들이 죽음을 보지 않고 에덴동산에서 영원히 행복하게 살 수 있을 것이라고 생각하기 때문이지요.

그러나 사랑의 하나님께서 일부러 선악과를 두고 사망의 길로 인도하셨을 리 없습니다. 그렇다면 하나님께서 에덴동산 중앙에 선악과를 두신 이유는 무엇이며 어째서 아담이 사망의 길로 갈 수밖에 없었을까요?

1 에덴동산에서의 아담과 하와

하나님께서 흙으로 사람을 지어 그 코에 생기를 불어넣으시니 사람이 생령이 되었습니다(창 2:7). 생령이란 살아 있는 영이란 뜻입니다. 아담이 처음 생령이 되었을 때는 아무것도 모르는 무 상태였습니다. 이는 갓 태어난 아기를 생각하면 쉽게 이해할 수 있습니다. 갓 난아이에게는 지식이나 지혜가 없습니다. 하나님께서 뇌세포 안에 기억장치를 주셨지만 아직 보고 듣고 가르침을 받은 것이 없는 상태이므로 본능적인 것 외에는 아무것도 할 수 없지요. 마찬가지로 아담을 처음 생령으로 지었을 때에는 갓 태어난 아기처럼 아무것도 입력되지 않은 상태이므로 영의 지식이나 지혜가 없었습니다.

만물의 영장으로서 영의 지식을 배우며

아담을 위해 하나님께서는 동방의 에덴에 동산을 창설하시고 그곳으로 이끌어 들였습니다. 그리고 진리 자체인 영의 지식을 하나하나 가르치며 에덴동산을 다스리고 지키게 하셨지요.

창세기 2장 19절에 "여호와 하나님이 흙으로 각종 들짐승과 공중의 각종 새를 지으시고 아담이 어떻게 이름을 짓나 보시려고 그것들을 그에게로 이끌어 이르시니 아담이 각 생물을 일컫는 바가 곧 그 이름이라" 말씀한 대로 아담은 만물의 영장으로서 모든 것을 다스릴 수 있는 자격을 갖춘 것입니다.

하나님께서는 이러한 아담이 홀로 있는 것이 좋지 못함을 보시고 그의 갈빗대 하나를 취하여 돕는 배필로 여자인 하와를 지은 후 한 몸을 이루게 하셨습니다. 이는 아담이 스스로 외롭다고 느껴서가 아니라 오랜 세월 홀로 계신 하나님께서 아담의 형편을 미리 헤아려 베푼 사랑이요, 생육하고 번성하여 땅에 충만하도록 축복한 것입니다.

생육하고 번성하며 무수한 세월을 살아

그렇다면 아담과 하와는 에덴동산에서 과연 얼마나 살았을까요? 성경에 구체적으로 기록되어 있지는 않지만 그들이 에덴동산에서 산 세월은 사람이 상상할 수 없을 만큼 오랜 기간이었습니다.

성경은 이러한 과정을 단지 몇 절 말씀으로 축약하여 기록하므로 하나님께서 아담을 에덴동산에 이끄신 뒤 곧바로 선악과를 먹고 멸망의 길로 갔다고 오해하는 사람이 많습니다. 그래서 하나님을 믿는다면서도 "인간 경작의 역사는 6천 년밖에 되지 않는데 수십만 년 전의 것으로 추정되는 화석이 나오는 이유는 무엇입니까?"라고 질문하는 경우도 있지요.

성경에 기록된 인류 역사는 첫 사람 아담이 창조된 이후의 역사를 의미하므로 아담이 에덴동산에서 산 세월을 포함하면 참으로 오랜 세월입니다. 그러나 인간 경작의 역사는 아담이 선악과를 먹고 저주를 받아 에덴동산에서 이 땅으로 쫓겨난 뒤의 세월만을 의미하는 것입니다. 에덴동산에서 아담이 하나님 말씀에 순종하여 산 무수한 세월은 인간 경작의 역사 속에 포함되지 않지요.

아담이 에덴동산에서 그런 세월을 사는 동안 지구의 지각과 지질 등에 많은 변화가 있었으며 각종 생물도 번식 또는 멸종의 과정이 있었기 때문에 이러한 흔적이 화석으로 남아 있습니다. 하나님께서 창세기 1장 28절에서 축복하신 대로 첫 사람 아담은 에덴동산에서 많은 후손을 낳으며 만물의 영장으로서 실로 오랫동안 살았던 것입니다.

2   자유 의지 가운데 불순종한 아담

하나님께서는 첫 사람 아담과 하와에게 풍요로운 에덴동산에서 마음껏 자녀 된 권세를 누리며 살아가도록 하셨습니다. 그들에게 자유 의지를 주시되 다만 한 가지를 금했습니다. 바로 동산 가운데 있는 선악을 알게 하는 나무의 실과만은 먹지 말라고 하신 것이지요.

진실로 하나님을 사랑하고 신뢰한다면 설령 먹고 싶은 마음이 있을지라도 하나님 명령이기 때문에 먹지 않을 것이고 반대로 하나님을 사랑하지 않는다면 결국에는 명령을 지키지 못하는 결과를 낳겠지요. 따라서 하나님께서는 에덴동산 중앙에 선악과를 두고 창조주 하나님과 피조물인 사람 사이에 질서를 세우되 자유 의지를 주신 것입니다. 이는 마음 중심에서 순종하는 자녀를 얻기 위해서입니다.

하나님 말씀을 소홀히 여겨 불순종한 아담

사랑의 하나님께서는 첫 사람 아담에게 하나님 말씀에 순종하면 영생복락을 누리지만 불순종하면 사망에 이를 것임을 알려 주며 선악과를 먹지 않도록 자상하게 가르치셨습니다.

그러나 오랜 세월이 흐르자 아담과 하와는 하나님 말씀을 소홀히 여기고 결국 선악과를 먹고 말았습니다. 하나님을 대적하고자 호시탐탐 기회를 엿보던 사단이 들짐승 중에 가장 간교한 뱀을 통해 하와를 유혹하니 결국 아담도 하나님 말씀에 불순종한 것입니다(창 3:1~6).

창세기 2장 15절을 보면 하나님께서는 아담에게 에덴동산을 다스리고 지키게 하셨는데 이는 원수 마귀 사단의 침입을 막기 위해서입니다. 그러면 어떻게 사단이 에덴동산에 있는 뱀을 사주했을까요?

사단은 실질적인 형체가 있는 존재가 아니라 공중 권세 잡은 악한 영을 말합니다. 따라서 사단은 마치 공중에 날아다니는 전파와 같아서 에덴동산에 있는 뱀의 생각을 주관하여 사람을 미혹할 수 있었던 것입니다.

창세기 1장을 읽다 보면 하나님의 창조 과정 중에 한 가지 특이한 점을 발견할 수 있습니다. 날마다 새로운 것을 창조한 다음 반드시 "하나님의 보시기에 좋았더라"고 기록되어 있으나 유독 궁창을 창조하신 둘째 날에만은 그러한 말씀이 없는데 여기에는 매우 중요한 이유가 있습니다.

에베소서 2장 2절을 보면 '공중의 권세 잡은 자', 곧 '불순종의 아들들 가운데서 역사하는 영'이 나오는데 이처럼 악한 영들이 장차 궁창에서 공중 권세 잡을 것을 예지하셨기 때문입니다.

사단의 사주를 받은 뱀의 유혹에 넘어간 하와

사단이 한낱 들짐승에 불과한 뱀을 이용해 하와를 유혹할 수 있었던 까닭은 에덴동산에서는 사람이 모든 동물과 대화가 가능하였기 때문입니다. 그 당시 뱀은 오늘날과 달리 사람의 사랑을 받으며 가까이 지냈습니다. 매끈매끈하고 깨끗하며 길고 둥글게 생긴 데에다 지혜로워서(마 10:16) 하와의 마음을 잘 알아 즐겁게 하여 사랑을 받은 것입니다. 오늘날 개가 다른 짐승보다 사람을 잘 따르고 영리하기 때문에 주인의 사랑을 받는 것과 같은 이치이지요.

그런데 오늘날 대부분의 사람이 "뱀은 생각만 해도 징그럽고 소름이 끼치는데요." 하며 싫어합니다. 뱀이 인간의 시조인 하와를 꾀어 멸망의 길로 가게 한 장본인이기 때문에 본성 속에서 싫어하는 것입니다. 우리가 뱀의 간교한 속성을 이해하려면 근본 토질을 알아야 합니다. 흙마다 각기 다른 성분이 있는데 성분 자체는 시간이 지나도 변하지 않지만 어떤 물질이 가미되느냐에 따라 토질이 변하여 거칠고 나쁜 흙이 되거나 부드럽고 좋은 흙이 되기도 합니다.

창세기 2장 19절을 보면 하나님께서 흙으로 각종 들짐승과 공중의 갖가지 새를 지은 내용이 나오는데 각 짐승마다 합당한 흙을 선택하여 창조하신 것입니다. 그중에 뱀이 가장 간교하였지요(창 3:1). 물론 처음부터 하나님께서 뱀을 간교하게 지으신 것은 아닙니다. 사람의 사랑을 받을 만큼 지혜롭게 지었지만 뱀의 토질에 사단의 악한 성분이 들어가니 간교한 짐승이 된 것입니다.

그러므로 만일 뱀이 사단의 음성을 듣지 않고 하나님 뜻대로만 했다면 지혜롭고 선한 짐승이 되었을 것인데 사단의 음성에 순종함으로써 결국 사람을 미혹하여 사망으로 이끄는 간교한 짐승이 된 것이지요.

하나님 말씀을 변개하여 미혹된 하와

사단의 사주를 받은 간교한 뱀은 하나님께서 아담에게 선악과만은 먹지 말라고 하신 것을 알고 있었습니다. 그래서 하와에게 "하나님이 참으로 너희더러 동산 모든 나무의 실과를 먹지 말라 하시더냐?"고 물은 것입니다. 이때 하와는 어떻게 답변하였을까요?

> "동산 나무의 실과를 우리가 먹을 수 있으나
> 동산 중앙에 있는 나무의 실과는 하나님의 말씀에
> 너희는 먹지도 말고 만지지도 말라
> 너희가 죽을까 하노라 하셨느니라"(창 3:2, 3)

하나님께서는 분명히 "선악을 알게 하는 나무의 실과는 먹지 말라 네가 먹는 날에는 정녕 죽으리라" 말씀하셨습니다(창 2:17). 그런데 하와는 "너희가 죽을까 하노라" 하셨다고 하나님 말씀을 변개하여 답변한 것입니다.

이는 하나님 말씀을 명심하지 못한 증거이고, 분명히 믿지 못한다는 의심의 표현이기도 합니다. 그러니 불확실한 답변을 들은 뱀은 더욱 적극적으로 여자를 유혹합니다. 창세기 3장 4, 5절을 보면 "너희가 결코 죽지 아니하리라" 하고 하나님 말씀을 완전히 부정합니다. 뿐만 아니라 "너희가 그것을 먹는 날에는 너희 눈이 밝아 하나님과 같이 되어 선악을 알 줄을 하나님이 아심이니라" 하면서 재차 유혹한 사실을 알 수 있습니다.

자유 의지로 불순종의 죄를 범한 아담과 하와

사단이 여자의 생각에 욕심을 불어넣으니 선악을 알게 하는 나무가 예전과 다르게 보였습니다. 창세기 3장 6절에 기록된 대로 곧 먹음직도 하고 보암직도 하고 지혜롭게 할 만큼 탐스럽기도 하여 그만 여자가 그 실과를 따먹고 남편에게 주니 그도 먹고 말았지요. 뱀의 유혹을 하나님 말씀으로 물리치지 못하니 결국 육신의 정욕과 안목의 정욕, 이생의 자랑이 틈타 하나님 말씀에 불순종한 것입니다.

어떤 이는 "사람에게 악이 있었기 때문에 선악과를 먹지 않겠느냐?" 말합니다. 그러나 아담이 불순종하기 전에는 전혀 악이 없었고 오직 선만 있었습니다. 다만 스스로 선택할 수 있는 자유 의지에 따라 선악과를 먹을 수도, 먹지 않을 수도 있는 것이지요.

그런데 오랜 세월이 흐르면서 하나님 말씀을 명심하지 못하다가 사단이 뱀을 통하여 유혹하자 하나님께서 세운 질서에 불순종하니 악이 들어왔습니다. 이는 어린아이가 악에 물드는 과정을 보면 쉽게 이해할 수 있습니다. 말과 행동이 거친 어린아이가 있다면 이는 처음부터 악해서 그리된 것이 아닙니다.

처음에는 다른 사람의 거친 말이나 욕설을 듣고 무슨 뜻인지도 모른 채 흉내 내거나, 누군가 남을 때리는 것을 보고 자신도 따라서 때려 보았을 것입니다. 그런데 그때마다 반응을 보이니 재미를 느끼고, 이것이 한 번 두 번 계속되면서 악이 잉태되어 자라난 것이지요. 마찬가지로 생령으로 창조된 사람에게 처음부터 악이 있었던 것이 아니라 자유 의지 가운데 선악과를 먹음으로써 죄가 성립된 것이며, 비로소 악이 들어오기 시작한 것입니다.

3 죄의 삯은 사망

하나님께서 금하신 선악과를 먹은 아담과 하와는 하나님 말씀대로 정녕 죽게 되었습니다(창 2:17). 결국 불순종의 죄로 사망이 임한 것입니다. 로마서 6장 23절을 보면 '죄의 삯은 사망'이라는 영계의 법칙이 나오는데 과연 사망이 불순종의 죄를 범한 아담과 하와에게 어떻게 임했을까요?

영이 죽고 하나님과 교통이 끊어지니

하나님께서는 분명히 "정녕 죽으리라" 하셨는데 성경을 보면 아담과 하와는 불순종한 후 곧바로 죽은 것이 아니라 오랜 세월을 향수하며 자녀를 낳았음을 알 수 있습니다. 따라서 하나님이 말씀하시는 죽음이란 단순히 호흡이 끊어지는 육체의 죽음이 아니라 영의 죽음을 뜻합니다.

원래 사람은 생령으로서 하나님과 교통할 수 있는 영과, 영의 지배를 받는 혼, 그리고 영과 혼의 장막인 육으로 창조되었는데(살전 5:23) 하나님 명령을 어기니 주인인 영이 죽었다는 것이지요.

하나님께서는 전혀 죄가 없으며 오직 빛 가운데 계시는 거룩한 분이므로 죄인은 하나님과 함께할 수 없습니다. 따라서 생령이었을 때에는 영이신 하나님과 교통할 수 있었으나 죄 때문에 영이 죽으니 하나님과 교통이 끊어지고 만 것입니다. 그리하여 아담과 하와는 매우 아름답고 풍요로울 뿐 아니라 생명 과일이 있어 마음껏 먹으며 근심이나 고통 없이 영원히 살 수 있는 에덴동산에서 쫓겨났습니다.

이때부터 인류의 고난이 시작되었는데 여자는 잉태하는 고통이 크게 더하여 수고하며 자녀를 낳고, 또 남편을 사모하며 그 다스림 아래 있어야 했습니다. 그리고 남자는 저주받은 땅에서 평생토록 수고하여야 소산을 먹을 수 있게 된 것입니다(창 3:16, 17).

또한 창세기 3장 18, 19절에 "땅이 네게 가시덤불과 엉겅퀴를 낼 것이라 너의 먹을 것은 밭의 채소인즉 네가 얼굴에 땀이 흘려야 식물을 먹고 필경은 흙으로 돌아가리니 그 속에서 네가 취함을 입었음이라 너는 흙이니 흙으로 돌아갈 것이니라" 하신 대로 결국 한 줌 흙으로 돌아가는 인생이 되고 말았습니다.

그뿐 아니라 첫 사람 아담이 불순종하는 죄를 범하자 그의 혈통을 이어받은 모든 사람이 죄인으로 태어나 죄의 삯인 사망의 길로 가게 되었습니다.

"한 사람으로 말미암아 죄가 세상에 들어오고
죄로 말미암아 사망이 왔나니
이와 같이 모든 사람이 죄를 지었으므로
사망이 모든 사람에게 이르렀느니라"(롬 5:12)

원죄를 지닌 죄인으로 태어나는 모든 사람

하나님께서는 사람에게 정자와 난자를 주어 생육하고 번성할 수 있게 하셨습니다. 정자나 난자 안에는 부모의 기가 들어 있어 자녀는 부모의 생김새나 성품은 물론이고 취향, 습관, 식성, 심지어 걸음걸이까지 닮기도 합니다.

이처럼 부모의 기를 통해 모든 것이 닮아 나오듯 인간의 시조 아담이 죄를 범한 이후 그의 죄성은 후손에게 자연히 유전됩니다. 이것을 '원죄'라고 하며 불순종한 아담의 혈통을 이어받은 모든 사람은 태어나면서부터 그것을 지니고 태어납니다.

더러 진리를 잘 알지 못하는 사람은 "아니, 내가 왜 죄인입니까? 나는 아무 죄도 짓지 않았는데요." 하고 반문합니다. 또는 "아담이 지은 죄가 어떻게 나에게 전가될 수 있습니까?" 하는 의문을 갖기도 하지요.

이해를 돕기 위해 한 살도 채 안 된 아이의 경우를 보겠습니다. 만일 자기 엄마가 다른 아이에게 젖을 먹이는 것을 보면 대부분의 어린아이는 어떻게 합니까? 엄마 젖을 먹는 다른 아이를 밀쳐 내려고 애를 씁니다. 그래도 엄마 젖을 놓지 않으면 그 아이를 때리거나 엄마를 때리다가 결국 "앙!" 하고 울어 버립니다. 부모가 어린아이에게 시기나 질투, 미움과 욕심을 가르쳐 주지 않았어도 이미 마음 안에 그러한 죄성이 있는 것을 볼 수 있습니다. 이처럼 사람은 태어날 때부터 부모로부터 물려받은 원죄가 있음을 알아야 합니다.

또한 이 세상을 살아가면서 짓는 자범죄가 얼마나 많이 있습니까? 빛이신 하나님 앞에서는 단지 행위적인 불법뿐만 아니라 미움, 판단, 욕심 등 마음에 품은 악까지도 어둠이며 죄입니다(마 5:28). 그러므로 성경은 율법의 행위로 하나님 앞에 의롭다 하심을 얻을 육체가 없으며 모든 사람이 죄를 범하였으매 하나님의 영광에 이르지 못하게 되었다고 말씀하는 것입니다(롬 3:20~23).

원수 마귀 사단의 유혹을 받아 죄를 범하는 사람들

만물의 영장인 사람이 죄를 지어 저주받으니 사람이 다스리던 땅 뿐 아니라 모든 육축과 들의 짐승도 함께 저주를 받았습니다. 그래 서 파리나 모기같이 질병을 가져다주는 독한 벌레가 생겨났으며 땅 에서는 엉겅퀴와 가시덤불이 나와 사람이 땀 흘려 밭을 갈아야 식 물을 먹을 수 있었지요.

로마서 8장 20~22절에 "피조물이 허무한 데 굴복하는 것은 자 기 뜻이 아니요 오직 굴복게 하시는 이로 말미암음이라 그 바라는 것은 피조물도 썩어짐의 종 노릇 한 데서 해방되어 하나님의 자녀들 의 영광의 자유에 이르는 것이니라 피조물이 다 이제까지 함께 탄식 하며 함께 고통하는 것을 우리가 아나니" 하신 대로 모든 피조물이 하나님의 저주를 받았습니다.

그러면 사단의 사주를 받아 하와를 미혹한 뱀은 어떠한 저주를 받았을까요? "모든 육축과 들의 모든 짐승보다 더욱 저주를 받아 배로 다니고 종신토록 흙을 먹을지니라" 하셨습니다. 실제로 뱀은 흙을 먹지 않고 둥지에 있는 새나 곤충, 개구리나 쥐를 먹습니다.

그러므로 여기서 흙은 이 땅의 흙이 아니라 영적으로 흙으로 창 조된 우리 사람을 말하며(창 2:7), 뱀은 원수 마귀 사단을 뜻합니다(계 20:2). 하나님께서 뱀에게 흙을 먹으라고 하신 것은 어둠 가운데 사는 사람들이 바로 원수 마귀 사단의 밥이라는 것입니다.

비록 하나님 자녀라 할지라도 악을 행하고 죄를 지으면 원수 마귀 사단이 역사함으로(벧전 5:8) 시험 환난이 찾아옵니다. 또한 하나님을 믿으면서도 그 말씀을 확신하지 못하는 사람들을 미혹하여 사망의 길로 인도합니다. 마치 사단이 하와를 유혹할 때 뱀을 통해 역사했듯이 아내나 남편, 친구 등 주변 사람들을 통해 역사하지요.

예를 들어, "주일 대예배만 드리면 되지 꼭 저녁 예배까지 드려야 하느냐?", "꼭 그렇게 모이기에 힘써야 하느냐?", "하나님께서는 네 중심을 다 아시는데 굳이 부르짖어 기도할 필요가 있느냐?" 하며 유혹하는 것입니다.

그러나 하나님께서는 안식일을 기억하여 거룩히 지키라(출 20:8) 하셨고, 모이기에 힘쓰며(히 10:25), 부르짖어 기도하라(렘 33:3)고 하셨습니다. 이러한 말씀이 마음에 온전히 임해 있는 사람이라면 사단이 유혹하지 못할 뿐 아니라 아무리 유혹해도 넘어가지 않지요(마 7:24, 25).

따라서 에베소서 6장 11절에 "마귀의 궤계를 능히 대적하기 위하여 하나님의 전신갑주를 입으라" 하신 대로 행여 원수 마귀 사단이 유혹할지라도 하나님 말씀으로 담대히 물리치고 믿음으로 승리해야 하겠습니다.

4 하나님께서 선악과를 두신 이유

하나님께서 에덴동산에 선악과를 두신 것은 결코 사람을 멸망케 하려는 게 아닙니다. 오히려 축복을 주시기 위해서입니다. 이러한 뜻과 섭리를 모르기 때문에 사랑과 공의의 하나님을 오해할 수밖에 없으며, 설령 하나님을 믿는다 해도 참된 신앙생활의 목적을 깨닫지 못한 채 살아가는 경우가 많습니다. 과연 하나님께서 에덴동산에 선악과를 두신 이유는 무엇이며 그것이 왜 우리에게 축복이 될까요?

에덴동산에서 참 행복을 알지 못했으나

하나님께서 특별히 창설하신 에덴동산의 모든 것은 아름답고 풍요로웠습니다. 그곳에는 보기에도 아름답고 먹기에 좋은 나무들이 있으며, 그 가운데에는 생명나무와 선악을 알게 하는 나무도 있었습니다(창 2:9). 하나님께서 선악을 알게 하는 나무를 동산의 가장 중앙에 두신 이유는 사람으로 하여금 선악과를 먹고 멸망의 길로 가게 하기 위해서가 아니었습니다. 그것은 바로 상대성을 알게 하시려는 하나님의 놀라운 섭리입니다.

이 땅에서 인간 경작을 통해 눈물, 슬픔, 가난, 질병 등을 경험한 사람들은 아담과 하와가 에덴동산에서 아주 행복했을 것이라고 생각합니다. 그러나 에덴동산에서 아담과 하와는 상대성을 모르기 때문에 참 행복과 사랑을 알지 못하였습니다.

쉬운 예로, 부유한 가정에서 자란 아이와 가정 형편이 아주 어려운 아이가 있다고 합시다. 만약 두 아이에게 똑같이 값비싼 장난감을 선물했다면 어떤 반응을 보일까요? 항상 풍족한 가운데서 자란 아이는 별로 감사한 줄을 모르지만 가난한 집에서 자란 아이는 마음 중심에서 감사를 느끼며 행복해할 것입니다.

이처럼 세상에는 상대성이란 것이 있어서 어떤 것의 참 가치를 알려면 그와 반대되는 것을 알고 경험해 보아야 합니다. 즉 참 행복을 알려면 여러 가지 어려움을 통해 행복의 참된 가치를 알아야 합니다. 또한 건강이 얼마나 중요한 것인지는 질병으로 고통당해 본 사람이라야 더욱 절실히 느낄 수 있으며, 사망과 지옥이 있다는 것을 알 때에 생명의 귀중함을 알고 천국을 주신 하나님께 마음 중심에서 감사하는 것입니다.

상대성을 체험하니 진정한 행복을 깨달아

인류의 시조 아담은 처음부터 풍요로운 에덴동산에서 마음껏 누리며 만물을 다스리는 권세까지 받았습니다. 그러나 땀 흘려 수고하여 얻은 것이 아니므로 하나님이 주신 모든 것에 대한 소중함과 고마움을 알지 못하였습니다.

이렇게 상대성을 알지 못하던 아담은 오랜 세월이 흐르자 뱀의 유혹에 넘어가 선악과를 먹는 불순종의 죄를 범하고 말았습니다. 그 결과 아담은 영이 죽고 이 땅으로 쫓겨나 눈물, 슬픔, 질병, 고통, 불행, 죽음 등을 체험한 것입니다.

그리하여 행복과 불행이 무엇인지 확실히 깨우칠 수 있었으며, 비로소 하나님 안에서 누리던 자유와 풍요가 얼마나 값진 것이었는지 깨달았습니다. 만일 우리가 행복과 불행이 무엇인지 모른 채 영원히 산다면 무슨 의미가 있겠습니까? 비록 당장에는 고생한다 할지라도 나중에 '이것이 바로 행복이구나' 하고 느낄 수 있다면 그것이 더욱 가치 있고 복된 삶이지요.

자녀들이 공부하는 것이 힘드니 학교에 보내지 않고 마음대로 놀게 할 부모가 어디 있겠습니까? 진정 자녀를 사랑한다면 비록 고생스럽고 힘들더라도 더 나은 내일을 위해 다양하게 배우고 익히며 경험을 쌓도록 도와줄 것입니다. 이 땅에 인간을 두고 경작하시는 하나님 마음도 이러한 부모 마음과 같습니다.

그래서 하나님께서는 선악과를 두고 아담이 자유 의지에 따라 그것을 먹어도 막지 않으신 것입니다. 그리고 인간 경작을 통해 이 땅에서 모든 희로애락을 경험토록 섭리하셨습니다. 상대성을 체험하고 진정한 사랑과 기쁨, 감사가 무엇인지 깨달았을 때 사랑과 진리 자체인 하나님을 마음 중심에서 사랑하며 경외할 수 있기 때문이지요.

참 행복을 알면 천국의 소망이 넘쳐나

이 땅에서 인간 경작의 참된 행복을 깨달은 사람들은 영원한 천국에 이를 때 그 기쁨과 감격을 말로 다 할 수 없을 것입니다. 이 땅의 육은 썩고 냄새나고 죽을 수밖에 없지만, 천국에 가면 죽음이나 이별도 없고 애통이나 썩는 것이 없습니다. 천국에는 길조차 이 땅에서 가장 귀하게 여기는 정금으로 되어 있으며 집도 온갖 화려한 보석으로 지어 있으니 얼마나 아름답겠습니까.

저는 하나님을 알기 전에는 금이나 보석 등을 귀한 것으로 알고 살아왔으나 주님을 영접하고 천국을 알게 된 후에는 이 땅에 있는 것은 모두 헛되고 아무 가치가 없음을 깨달았습니다.

이 세상은 잠시잠깐이고, 영원한 하늘나라가 있음을 분명히 믿으면 세상 것에 대한 미련이 조금도 남지 않습니다. 오직 어떻게 하면 한 영혼이라도 더 하나님 품으로 인도할 수 있을까, 어떻게 하면 세계 선교를 이루어 하나님께 영광 돌릴 수 있을까 하는 마음이 됩니다. 또한 물질도 이 땅에 쌓으려 하지 않고 정성 다해 하나님 앞에 드림으로써 영원한 천국에서 받을 상급을 쌓아 갑니다.

사도 바울도 하나님 섭리 가운데 천국의 낙원을 보았기 때문에 (고후 12:4) 기쁨과 감사로써 이방인의 사도가 되어 고난의 길을 갔던 것입니다. 이 땅에서 복음을 전하다가 매를 맞고 감옥에 가고 피 흘리는 것도 하나님께서 상급으로 갚아 주실 것이니 오히려 축복의 길이었지요.

이처럼 하나님을 믿는 사람들의 소망은 이 땅에 있지 않고 오직 천국에 있습니다. 이 땅에서의 삶은 잠깐이지만 천국은 영원한 나라 입니다. 그곳은 눈물, 슬픔, 고통, 질병, 사망이 없는 행복한 나라이 기에 상급을 바라보면서 항상 기뻐하며 살아갈 수 있는 것입니다.

만일 에덴동산에서 참 사랑과 행복을 모른 채 영원히 사는 것과, 인간 경작을 받아 상대성을 알고 천국에 들어가 참된 행복을 누 리는 것 중에 하나를 택하라면 어느 쪽을 선택하시겠습니까? 진정 하나님께서 선악과를 두신 사랑과 섭리를 깨우쳤다면 잠시 눈물, 슬픔, 고통, 사망을 체험하더라도 이 땅에서 인간 경작을 받아 영원 한 천국에 들어가기 원할 것입니다.

창조주 하나님의 사랑과 섭리를 깨달아 죄를 버리고 천국에 들어 갈 수 있는 자격을 갖추어 아름다운 천국에서 영생복락을 누리기 바랍니다.

4장
만세 전에 감추어진 비밀

"우리가 온전한 자들 중에서 지혜를 말하노니
이는 이 세상의 지혜가 아니요
또 이 세상의 없어질 관원의 지혜도 아니요
오직 비밀한 가운데 있는 하나님의
지혜를 말하는 것이니 곧 감취었던 것인데
하나님이 우리의 영광을 위하사
만세 전에 미리 정하신 것이라
이 지혜는 이 세대의 관원이 하나도 알지
못하였나니 만일 알았더면 영광의 주를
십자가에 못 박지 아니하였으리라"
(고전 2:6~8)

죄를 범한 아담과 하와 때문에 그의 모든 후손 역시 죄인의 멍에를 쓰고 사망에 이르는 인류의 비극이 시작되었습니다. 물론 영적으로는 하나님의 참 자녀가 되어 영생과 천국을 소유할 수 있는 놀라운 축복의 시작입니다. 이로 인해 하나님께서 우리의 영광을 위하여 만세 전에 감추어 둔 비밀이 드러나고 천국에 이를 수 있는 길이 열렸기 때문입니다.

그 비밀이란 과연 무엇이며, 어떻게 사망의 길로 가게 된 모든 인류가 구원받는 길이 열린 것일까요?

1 원수 마귀에게 넘겨준 아담의 권세

누가복음 4장 5, 6절을 보면 마귀가 40일 금식하신 예수님을 유혹할 때 순식간에 천하만국을 보이며 "이 모든 권세와 그 영광을 내가 네게 주리라 이것은 내게 넘겨준 것이므로 나의 원하는 자에게 주노라" 말하고 있습니다. 이는 누군가 가지고 있던 모든 권세를 원수 마귀에게 넘겨주었기 때문에 자기도 임의대로 누군가에게 넘겨줄 수 있다는 의미입니다. 그러면 천하만국을 다스리는 모든 권세와 영광이 어떻게 원수 마귀에게 넘어간 것일까요?

하나님께서 주신 권세를 빼앗긴 아담

창세기 1장 28절을 보면 "하나님이 그들에게 복을 주시며 그들에게 이르시되 생육하고 번성하여 땅에 충만하라, 땅을 정복하라, 바다의 고기와 공중의 새와 땅에 움직이는 모든 생물을 다스리라 하시니라" 말씀하셨습니다.

이같이 첫 사람 아담은 원래 하나님께로부터 만물을 지배하고 다스리며 정복하는 권세를 받아 만물의 영장으로서 산 것입니다. 그런데 사단의 사주를 받은 뱀의 유혹을 받아 하나님께서 금한 선악과를 먹는 죄를 범한 뒤부터 상황이 달라졌습니다.

로마서 6장 16절을 보면 "너희 자신을 종으로 드려 누구에게 순종하든지 그 순종함을 받는 자의 종이 되는 줄을 너희가 알지 못하느냐 혹은 죄의 종으로 사망에 이르고 혹은 순종의 종으로 의에 이르느니라" 하셨으니 우리가 죄에 순종하면 죄의 주관자인 원수 마귀 사단의 종이 되어 사망의 길로 가고, 의에 순종하면 하나님의 자녀가 되어 천국으로 가는 것입니다.

그러므로 불순종의 죄를 범한 첫 사람 아담은 하나님에게서 받은 모든 권세를 원수 마귀에게 빼앗길 수밖에 없었습니다. 종의 권세는 주인에게 귀속되는 것이 당연하기 때문이지요. 이와 같이 아담 한 사람이 불순종함으로 온 인류가 온갖 시험과 환난을 가져다주는 원수 마귀의 종 노릇 하면서 사망의 길로 가게 되었습니다.

2 토지 무르기 법칙

그러면 어떻게 해야 원수 마귀에게서 해방되어 구원을 얻을 수 있을까요? 더러는 하나님께서는 창조주이시고 사랑이 많은 분이니 모든 죄를 무조건 용서해 주면 되지 않겠느냐고 할 수 있습니다. 하지만 고린도전서 14장 40절에 "모든 것을 적당하게 하고 질서대로 하라" 하신 대로 하나님께서는 항상 영계의 법칙에 따라 질서를 좇아 행하시는 공의로운 분입니다.

영계의 법에는 죄인에게 벌을 가하는 법, 곧 '죄의 삯은 사망'이라는 법이 있는가 하면, 반대로 그 죄를 속량할 수 있는 법도 있습니다. 그래서 첫 사람 아담이 죄로 인해 원수 마귀에게 넘겨준 권세를 회복하려면 죄를 속량할 수 있는 영계의 법칙을 적용해야 합니다.

과연 사망에 이르는 사람의 죄를 속량하여 첫 사람 아담이 원수 마귀에게 넘겨준 권세를 회복할 수 있는 법칙은 무엇일까요? 이는 토지에 관한 법으로서 하나님께서는 이 법을 좇아 비밀한 가운데 만세 전에 인간 구원의 길을 예비하셨습니다.

토지를 사고파는 데 적용되는 토지 무르기 법칙

레위기 25장 23~25절을 보면 "토지를 영영히 팔지 말 것은 토지는 다 내 것임이라 너희는 나그네요 우거하는 자로서 나와 함께 있느니라 너희 기업의 온 땅에서 그 토지 무르기를 허락할지니 만일 너희 형제가 가난하여 그 기업 얼마를 팔았으면 그 근족이 와서 동족의 판 것을 무를 것이요" 말씀합니다.

즉 토지는 모두 하나님의 소유이므로 영영히 팔지 말 것이며, 가난하여 토지를 팔았다 하더라도 합당한 규정에 따라 근족(가까운 친척)이나 본인이 다시 무를 수 있도록 하는 것이 '토지 무르기 법칙'입니다. 하나님의 선민인 이스라엘 백성은 이러한 하나님의 법을 준수하여 다른 나라 토지법과는 달리 토지를 매매할 때에 영영 팔 수 없도록 토지 매매계약서를 작성합니다. 어떤 경로로 팔고 사는지와 함께 나중에 되돌려 받을 수 있도록 토지 무르기의 내용을 상세히 적은 2부의 계약서를 작성한 다음, 사는 사람과 파는 사람의 도장을 찍고 증인들을 세웁니다.

그 후 계약서 한 부는 법과 규례대로 인봉하여 성전 창고에 보관하고, 다른 한 부는 성전 입구에 펼쳐 놓습니다. 그래서 언제라도 근족이 와서 대신 토지를 무를 수 있게 하였고, 근족 중에 무를 사람이 없으면 본인이 부를 쌓아 힘이 있을 때 다시 사서 무를 수 있도록 한 것입니다.

토지 무르기 법칙에 따른 인간 구원의 길

창세기 3장 19절과 23절을 보면 토지는 근본 흙으로 창조된 우리 사람과 직접 연관성을 갖고 있음을 알 수 있습니다.

"네가 얼굴에 땀이 흘러야 식물을 먹고 필경은
흙으로 돌아가리니 그 속에서 네가 취함을 입었음이라
너는 흙이니 흙으로 돌아갈 것이니라"(창 3:19)

"여호와 하나님이 에덴 동산에서 그 사람을 내어 보내어
그의 근본된 토지를 갈게 하시니라"(창 3:23)

이처럼 흙은 영적으로 사람을 의미하므로, 토지 무르기 법칙 안에는 인간 구원의 길이 담겨 있습니다. 토지 무르기 법칙에 의하면 모든 토지는 하나님 소유이므로 사람이 영영 팔 수 없는 것처럼, 아담이 하나님에게서 받은 모든 권세도 본디 하나님 소유이므로 사람이 영영 팔 수 없는 것입니다.

또한 토지를 무르기에 합당한 자격을 갖춘 사람이 나타나면 토지를 물러 주어야 하듯, 아담으로부터 원수 마귀가 넘겨받은 권세를 무를 수 있는 합당한 자격을 갖춘 사람이 나타나면 원수 마귀는 모든 권세를 되돌려 주어야만 했습니다.

공의의 하나님께서는 이러한 토지 무르기 법칙을 토대로 아담이 원수 마귀에게 빼앗긴 모든 권세를 되찾을 수 있는 자격을 갖춘 한

사람을 예비하셨는데 이것이 바로 인간 구원의 길입니다.

3 만세 전에 감추어진 비밀

사랑의 하나님께서는 만세 전부터 아담이 불순종하여 모든 사람이 사망의 길로 가게 될 것을 미리 아셨기 때문에 이처럼 놀라운 지혜 가운데 인간 구원의 길을 예비하고 때가 이르기까지 비밀리에 감추어 두셨습니다. 만약 원수 마귀가 이러한 비밀을 안다면 아담으로부터 넘겨받은 모든 권세를 빼앗기지 않으려고 어찌하든 아담의 죄에 관한 문제를 해결하지 못하도록 훼방할 것이기 때문입니다.

그래서 고린도전서 2장 7절에 "오직 비밀한 가운데 있는 하나님의 지혜를 말하는 것이니 곧 감취었던 것인데 하나님이 우리의 영광을 위하사 만세 전에 미리 정하신 것이라" 하신 것입니다.

하나님의 지혜인 예수 그리스도

로마서 5장 18, 19절을 보면 "그런즉 한 범죄로 많은 사람이 정죄에 이른 것같이 의의 한 행동으로 말미암아 많은 사람이 의롭다 하심을 받아 생명에 이르렀느니라 한 사람의 순종치 아니함으로 많은 사람이 죄인 된 것같이 한 사람의 순종하심으로 많은 사람이 의인이 되리라" 하셨습니다. 이는 아담 한 사람 죄 때문에 모든 사람이 죄인이 되어 사망의 길로 갈 수밖에 없었던 것처럼 어느 한 사람의 순종으로 모든 사람이 의인이 되어 구원받을 수 있다는 말씀입니다. 하나님께서는 이처럼 인간 구원의 길을 예비하고 독생자 예수님을 이 땅에 보내셨습니다. 예수님께서는 하나님의 뜻을 좇아 십자가에 달려 죽기까지 순종함으로 구원의 섭리를 완성하셨습니다. 누구든지 예수 그리스도를 믿으면 구원에 이를 수 있도록 놀라운 사랑을 베푸셨습니다. 그래서 고린도전서 1장 18절에 "십자가의 도가 멸망하는 자들에게는 미련한 것이요 구원을 얻는 우리에게는 하나님의 능력이라" 하신 것입니다.

전지전능한 하나님의 아들이 피조물에게 멸시받고 십자가에 못 박혀 죽는 것이 세상 사람들에게는 얼마나 미련한 것으로 보이겠습니까? 하지만 하나님에게 미련한 것이 사람보다 지혜 있고 하나님의 약한 것이 사람보다 강하다는 사실을 알아야 합니다(고전 1:25). 만약 하나님께서 이러한 방법으로 인간 구원의 길을 예비하지 않았다면 어찌 모든 사람에게 구원의 길이 열릴 수 있었겠습니까. 죄의 삯은 사망이므로 죄의 문제를 해결하지 않고는 결코 사망에서 건져 낼 수 없습니다.

그러므로 하나님께서는 아무 죄 없는 독생자 예수님을 십자가에 못 박도록 내주고 모든 죄의 문제를 해결해 주셨습니다. 또한 예수님께서는 아무 죄가 없는 분이니 하나님 능력으로 다시 살아난 것입니다. 그런데 십자가를 통한 인간 구원의 길이 세상에 알려지면 원수 마귀 사단의 훼방으로 인류 구원의 역사를 성취할 수 없으므로 하나님께서는 철저히 비밀리에 감추어 두셨습니다.

만약 원수 마귀가 이러한 하나님의 지혜를 알았다면 어찌 예수님을 십자가에 못 박아 죽였겠습니까. 죄인 된 모든 인류의 죄를 대속하여 구원의 길로 인도하며 원수 마귀에게 빼앗긴 아담의 권세를 되찾는 길임을 알았다면 결코 예수님을 죽이지 않았을 것입니다.

그래서 고린도전서 2장 7, 8절을 보면 "곧 감취었던 것인데 하나님이 우리의 영광을 위하사 만세 전에 미리 정하신 것이라 이 지혜는 이 세대의 관원이 하나도 알지 못하였나니 만일 알았더면 영광의 주를 십자가에 못 박지 아니하였으리라" 말씀합니다.

4 토지 무르기 법에 합당한 예수 그리스도

어떤 계약이든 서로 지켜야 할 조건이 있듯이, 토지 무르기 법칙에 따라 원수 마귀에게 넘겨준 아담의 권세를 다시 찾으려면 죄를 대속할 수 있는 조건을 갖추어야 합니다.

만일 어떤 사람이 사업에 실패하여 수억 원의 빚을 져서 자기 힘으로는 도저히 갚을 수 없는 상황이라고 합시다. 그런데 그 형제가 사랑이 있어 빚을 대신 갚아 주고자 해도 능력이 없으면 갚아 줄 수 없습니다. 이와 마찬가지로 모든 사람은 불순종한 아담의 후예이므로 자기 힘으로는 죄의 문제를 해결할 수 없습니다. 반드시 죄를 대속할 수 있는 자격을 갖춘 사람이 있어야 모든 죄의 문제를 해결해 줄 수 있는 것입니다.

토지 무르기 법칙에 따라 죄의 문제를 해결해 줄 수 있는 조건은 구체적으로 무엇일까요?

첫째, 아담의 근족인 사람이어야 합니다.

레위기 25장 25절을 보면 "만일 너희 형제가 가난하여 그 기업 얼마를 팔았으면 그 근족이 와서 동족의 판 것을 무를 것이요" 했습니다. 토지 무르기 법칙에 따르면 돈이 없어 토지를 팔더라도 근족이 대신 물러 줄 수 있다는 것입니다. 그러므로 아담이 원수 마귀에게 넘겨준 권세를 되찾기 위한 첫 번째 조건은 아담의 근족인 사람이어야 합니다.

고린도전서 15장 21, 22절에 "사망이 사람으로 말미암았으니 죽은 자의 부활도 사람으로 말미암는도다 아담 안에서 모든 사람이 죽은 것같이 그리스도 안에서 모든 사람이 삶을 얻으리라" 말씀하는데, 이에 대하여 사도 요한이 기록한 요한계시록 5장 1~5절에도 잘 나와 있습니다.

"내가 보매 보좌에 앉으신 이의 오른손에 책이 있으니

안팎으로 썼고 일곱 인으로 봉하였더라

또 보매 힘 있는 천사가 큰 음성으로 외치기를

누가 책을 펴며 그 인을 떼기에 합당하냐 하니

하늘 위에나 땅 위에나 땅 아래에

능히 책을 펴거나 보거나 할 이가 없더라

이 책을 펴거나 보거나 하기에 합당한 자가 보이지 않기로

내가 크게 울었더니 장로 중에 하나가 내게 말하되

울지 말라 유대 지파의 사자 다윗의 뿌리가 이기었으니

이 책과 그 일곱 인을 떼시리라 하더라"

여기서 일곱 인으로 봉한 책이란 아담이 불순종하여 죄인이 되자 하나님과 마귀 사이에 이루어진 계약서 묶음을 말합니다. 그런데 이 책을 펴고 그 일곱 인을 떼기에 합당한 사람을 찾으니 하늘 위나 땅 위, 또한 땅 아래에도 없더라는 것입니다.

토지 무르기 법칙에 합당한 자격을 갖춘 사람이 있어야 하는데 하늘에는 천사가 있으나 사람이 아니고, 땅 위를 보니 모든 사람이 아담 후손으로서 죄인뿐이며, 땅 아래 음부에는 지옥에 갈 죄인과 마귀에게 속한 것밖에 없습니다.

이 때문에 사도 요한이 심히 애통해하니 장로 중 하나가 "울지

말라 유대 지파의 사자 다윗의 뿌리가 이기었으니 이 책과 그 일곱 인을 떼시리라" 하였는데 다윗의 뿌리란 유대 지파를 통해 다윗의 후손으로 오신 예수님을 뜻합니다(행 13:22, 23). 곧 예수님이 토지 무르기 법에 합당한 분이라는 말씀입니다.

간혹 '하나님이 신이시니 하나님의 아들이신 예수님도 신이지 않는가? 어떻게 신이 사람의 근족이 될 수 있는가?' 하고 생각할 수도 있을 것입니다. 그러나 요한복음 1장 1절에 "말씀은 곧 하나님"이라 했고, 14절에는 "말씀이 육신이 되어 우리 가운데 거하시매 우리가 그 영광을 보니" 했습니다. 이처럼 말씀이신 하나님께서 우리 사람처럼 육신을 입고 이 땅에 온 분이 예수님이며, 예수님께서는 하나님 아들로서 신성과 인성을 함께 지닌 분이지만 우리와 같은 살과 뼈가 있는 육을 입고 이 땅에 태어나 성장 과정을 거치셨습니다.

앞서 말한 대로 예수님 탄생을 기점으로 세계사가 기원전인 B.C.와 기원후인 A.D.로 연대가 나뉘어 있는 것만 보아도 예수님이 육신을 입고 이 땅에 오신 것은 분명한 역사적 사실입니다. 따라서 예수님께서는 아담의 근족, 곧 사람이어야 한다는 토지 무르기 법칙에 합당한 자격을 갖추신 분입니다.

둘째, 아담의 후예가 아니어야 합니다.

형제의 빚을 갚아 주려면 먼저 자신에게 빚이 없어야 하는 것처럼,

다른 사람 죄를 대속해 주려면 자신에게 죄가 없어야 합니다. 그런데 아담이 불순종하여 그의 후예는 모두 죄인이 되었으니 아무리 뛰어난 인격을 갖춘 성인이라 해도 다른 사람 죄를 대신 져 줄 수 없는 것입니다. 그렇다면 예수님께서는 토지 무르기 법칙의 두 번째 조건에 합당한 자격을 갖추신 분일까요? 마태복음 1장 18~21절을 보면 예수님의 탄생 과정에 대한 기록이 나오는데 결코 남녀의 결합이 아니라 성령으로 잉태된 분임을 강조합니다.

"예수 그리스도의 나심은 이러하니라

　그 모친 마리아가 요셉과 정혼하고 동거하기 전에

　성령으로 잉태된 것이 나타났더니

　그 남편 요셉은 의로운 사람이라

　저를 드러내지 아니하고 가만히 끊고자 하여

　이 일을 생각할 때에 주의 사자가 현몽하여 가로되

　다윗의 자손 요셉아

　네 아내 마리아 데려오기를 무서워 말라

　저에게 잉태된 자는 성령으로 된 것이라

　아들을 낳으리니 이름을 예수라 하라

　이는 그가 자기 백성을 저희 죄에서

　구원할 자이심이라 하니라"

예수님께서는 육적으로는 다윗의 자손이지만 마리아가 요셉과 정혼하고 동거하기 전에 성령으로 잉태된 분이므로 어떠한 죄의 성질도 있을 수 없습니다. 하지만 불순종의 죄를 범한 아담의 후예는 남녀의 결합으로 잉태되므로 기를 통하여 죄의 성질을 이어받고 태어나는데 이것을 원죄라고 말하지요. 이러한 원죄가 있는 한 결코 인류의 죄를 대속할 수 없습니다. 그래서 예수님께서 육신을 입고 이 땅에 오실 때에 동정녀 마리아의 몸을 빌려 성령으로 잉태된 것입니다.

셋째, 원수 마귀를 이길 수 있는 힘이 있어야 합니다.

레위기 25장 26, 27절을 보면 "만일 그것을 무를 사람이 없고 자기가 부요하게 되어 무를 힘이 있거든 그 판 해를 계수하여 그 남은 값을 산 자에게 주고 그 기업으로 돌아갈 것이니라" 말씀하는데, 이는 팔았던 토지를 다시 무르려면 그만한 힘이 있어야 한다는 뜻입니다.

다른 사람의 빚을 갚아 주고 싶은 마음이 아무리 간절하여도 자신에게 그만한 재력이 없으면 소용 없습니다. 이처럼 죄를 대속하기 위해서는 죄를 무를 수 있는 힘이 있어야 하는데, 영계에서는 죄가 없는 것이 힘입니다. 그러므로 원수 마귀에게 빼앗긴 아담의 권세를 회복하려면 죄가 없어야 한다는 것입니다. 죄가 없어야 원수 마귀를 지배하고 다스릴 수 있는 권세를 지닐 수 있기 때문입니다.

과연 예수님에게는 조금도 죄가 없었을까요? 성령으로 잉태된 예수님에게는 사람의 기를 통해 물려받는 원죄가 없습니다. 또한 어릴 적부터 율법을 온전히 준행했으며, 사랑으로 율법을 완성하신 온전한 분이지요. 생후 8일 만에 할례를 받고(눅 2:21), 33세에 십자가에 달려 죽을 때까지 아무런 자범죄도 짓지 않고 오직 하나님 뜻에 순종하신 것을 볼 수 있습니다(벧전 2:22~24 ; 히 7:26).

이처럼 예수님은 전혀 죄가 없기 때문에 원수 마귀를 이길 수 있었으며, 인류를 건져 낼 힘을 지녔습니다. 예수님께서 베푼 수많은 권능의 역사가 이러한 사실을 증명합니다. 예수님께서는 귀신을 쫓아내며 소경이나 귀머거리, 앉은뱅이같이 사람의 힘으로는 어찌할 수 없는 연약함이라도 말씀으로 온전케 하셨습니다. 심지어 풍랑이 이는 바다를 향해 명하니 곧 바람이 그치고 잔잔해지는 역사가 나타났습니다(막 4:39).

넷째, 목숨까지도 줄 수 있는 사랑이 있어야 합니다.

비록 토지를 무를 힘이 있는 근족이 있다 해도 그에게 사랑이 없으면 토지를 되찾아 줄 수 없는 것처럼, 죄의 문제를 해결하기 위해서는 자기를 온전히 희생할 수 있는 사랑이 있어야 합니다.

룻기 4장 1~6절을 보면 보아스가 가난한 나오미의 형편을 알고 가장 가까운 친척에게 기업 무르기를 권하는 장면이 나옵니다. 그러나 기업 무를 사람이 "나는 내 기업에 손해가 있을까 하여 나를 위하여 무르지 못하노니 나의 무를 권리를 네가 취하라 나는 무르지 못하겠노라"고 답변합니다.

이렇게 가까운 친족에게 기업을 무를 수 있는 힘이 있다 해도 사랑이 없으면 무를 수 없는 것입니다. 결국 나오미의 다음 근족인 보아스가 기업을 무를 수 있는 힘과 사랑이 있어 그를 대신하였습니다. 보아스에게는 사랑이 있었기 때문에 합법적으로 기업 무를 사람이 되어 룻과 결혼하였고, 다윗 왕의 증조부로서 예수님의 계보에 오르는 엄청난 축복을 받은 것입니다.

예수님께서는 육신을 입고 이 땅에 오셨고, 성령으로 잉태되었으니 이담의 후예가 아니며, 죄가 전혀 없으므로 죄를 대속할 만한 영적 힘을 지녔습니다. 이러한 세 가지 조건을 온전히 갖추었다 해도 만약 영적 사랑이 없다면 인류의 죄를 대속할 수 없었을 것입니다. 왜냐하면 예수님께서 인류의 죄를 대속한다는 것은 죄인 된 인류가 받아야 할 사망의 형벌을 대신 받는다는 것을 의미하기 때문입니다. 전혀 죄가 없는 몸으로 이 세상에서 가장 흉악한 죄인과 같이 되어 나무 십자가에 달려 온갖 조롱과 멸시를 받으며 물과 피를 다 쏟고 대신 죽어야만 하는 엄청난 희생이 따르는 것이지요.

아무 죄 없는 왕의 아들이 무지하고 악한 백성을 대신해 죽어 준 일은 역사상 유례를 찾아볼 수 없습니다. 하물며 이 땅의 왕들과는 비교할 수도 없이 전지전능하며 천하 만물을 통치하시는 하나님의 독생자 예수님이 죄인 된 인류 대신 나무 십자가에 달려 피 흘리며 죽어 주셨으니 그 사랑을 어찌 말로 다 표현할 수 있겠습니까.

더구나 예수님께서는 이 땅에 있는 동안 오직 선만 행하신 분입니다. 죄인을 용서했을 뿐 아니라 갖가지 병든 사람을 치료하며 흉악의 결박을 풀어 주고 화평과 기쁨과 사랑, 그리고 하늘나라의 소망과 구원을 주셨지요.

로마서 5장 7, 8절에 "의인을 위하여 죽는 자가 쉽지 않고 선인을 위하여 용감히 죽는 자가 혹 있거니와 우리가 아직 죄인 되었을 때에 그리스도께서 우리를 위하여 죽으심으로 하나님께서 우리에게 대한 자기의 사랑을 확증하셨느니라" 말씀합니다. 하나님께서는 의인도 아니고 선인도 아닌 죄인들을 위해 독생자 예수님을 십자가에 내주어 우리를 사랑하는 증거를 확실히 나타내신 것입니다.

예수님 외에는 이러한 자격을 갖춘 사람이 전혀 없으므로 다른 이로서는 결코 구원받을 수 없다는 사실을 깨달아 예수 그리스도를 영접하여 하나님의 자녀 된 권세를 얻고 구원의 확신 속에서 항상 승리하는 복된 삶을 영위하기 바랍니다.

5장
예수 그리스도가
왜 우리의 구세주인가

"이 예수는 너희 건축자들의 버린 돌로서
집 모퉁이의 머릿돌이 되었느니라
다른 이로서는 구원을 얻을 수 없나니
천하 인간에 구원을 얻을 만한 다른 이름을
우리에게 주신 일이 없음이니라 하였더라"
(행 4:11, 12)

우리는 인간 경작의 섭리를 깨우칠수록 깊고도 자상하게 이끄시는 하나님을 뜨겁게 사랑하지 않을 수 없습니다. 더구나 예수님을 통한 인간 구원의 섭리를 깨달으면 하나님의 사랑과 지혜에 감복할 수밖에 없습니다.

그러한 섭리를 어떻게 예수 그리스도가 성취한 것일까요? 앞서 공의의 하나님께서 영계의 법칙에 따라 모든 인류의 죄를 대속할 수 있는 자격을 갖춘 사람을 예비하셨다고 했습니다.

곧 성령으로 잉태되어 육신을 입고 이 땅에 오신 예수님만이 사람이면서도 아담의 후예가 아니며 자범죄도 없으므로 죄를 대속할 수 있는 힘을 가졌고, 또한 사랑을 지녔기 때문에 나무 십자가에 죽음으로써 모든 인류에게 구원의 길을 열어 주실 수 있었습니다.

그래서 사도행전 4장 12절을 보면 "다른 이로서는 구원을 얻을 수 없나니 천하 인간에 구원을 얻을 만한 다른 이름을 우리에게 주신 일이 없음이니라" 하셨습니다. 누구든지 예수 그리스도를 영접하여 그 이름을 믿으면 모든 죄를 용서받아 구원에 이르며, 어둠에서 빛 가운데로 나와 하나님의 자녀 된 권세와 축복을 소유할 수 있습니다.

과연 어째서 그런 것일까요?

1 예수님을 통한 인간 구원의 섭리

하나님께서는 만세 전에 인간 구원의 길을 예비하고, 이미 구약 성경의 창세기를 통하여 예수 그리스도의 출현과 십자가에 의한 구원의 비밀을 예언하셨습니다.

창세기 3장 14, 15절에 "여호와 하나님이 뱀에게 이르시되 네가 이렇게 하였으니 네가 모든 육축과 들의 모든 짐승보다 더욱 저주를 받아 배로 다니고 종신토록 흙을 먹을지니라 내가 너로 여자와 원수가 되게 하고 너의 후손도 여자의 후손과 원수가 되게 하리니 여자의 후손은 네 머리를 상하게 할 것이요 너는 그의 발꿈치를 상하게 할 것이니라" 하신 것입니다.

여기서 뱀은 영적으로 원수 마귀 사단을 의미하며, 뱀이 흙을 먹는다는 것은 원수 마귀 사단이 흙으로 지은 사람을 지배한다는 의미라 했습니다. 그리고 '여자'란 영적으로 '이스라엘'을 뜻하며, '여자의 후손'은 메시아, 곧 '예수 그리스도'를 의미합니다. 또한 뱀이 여자의 후손의 발꿈치를 상하게 한다는 것은 예수님께서 십자가에 못 박혀 죽으실 것을 의미합니다.

이어 여자의 후손이 뱀의 머리를 상하게 한다는 것은 십자가에 못 박힌 예수 그리스도로 인하여 원수 마귀 사단의 진이 깨뜨려질 것을 예언한 것입니다.

원수 마귀가 깨우치지 못한 인간 구원의 섭리

이러한 구원의 섭리는 하나님께서 비밀리에 감추어 두셨으므로 원수 마귀는 그 지혜를 알 수도, 깨우칠 수도 없었습니다. 단순히 여자의 후손이 나타나 자기를 상하게 하기 이전에 죽여 없애고자 작정하였지요. 그래야 불순종한 아담으로부터 넘겨받은 권세를 영원히 누릴 수 있다고 생각한 것입니다.

하지만 원수 마귀는 여자의 후손이 누구인지 알지 못하였으므로 구약 시대부터 하나님 사랑을 받는 선지자가 나타나기만 하면 갖가지 방법으로 죽이고자 했습니다. 모세가 태어났을 때에도 애굽의 바로 왕을 사주하여 당시 이스라엘의 여인이 낳은 남자아이는 다 죽이도록 역사했으며(출 1:15~22), 예수님께서 육신을 입고 이 땅에 오셨을 때에는 헤롯 왕을 사주하였습니다.

유대의 왕으로 태어났다는 아이를 가만두면 장차 자신의 왕위가 위태로울 것이라고 생각한 헤롯 왕은 유대 땅 베들레헴과 그 모든 경계 안에 있는 두 살부터 그 아래로 태어난 사내아이를 다 죽이게 하였습니다(마 2:1~18). 그러나 하나님께서는 이미 원수 마귀의 궤계를 아셨기 때문에 예수님이 태어난 뒤 요셉의 꿈에 나타나 애굽으로 피할 것을 알려 주며 헤롯이 죽을 때까지 그곳에 머물게 하셨습니다.

하나님께서 허락하신 예수님의 십자가 처형

이러한 하나님의 보호 속에 성장한 예수님은 마침내 30세에 이르러 공생애를 시작하셨습니다. 하나님 뜻에 따라 온 갈릴리를 두루 다니며 회당에서 가르치고 백성의 모든 병과 모든 약한 것을 고치고 죽은 자를 살리며 가난한 자에게 복음을 전파하셨습니다(마 11:5).

그러자 원수 마귀 사단은 또다시 대제사장, 서기관, 바리새인들을 사주하여 예수님을 죽이기 위해 온갖 궤계를 부렸습니다. 하지만 태어날 때부터 공생애 기간까지 예수님은 모든 것이 하나님 섭리 가운데 있었기 때문에 하나님께서 허락하시기 전에는 악한 자가 만지지도 못하였습니다.

그러나 3년간의 공생애를 마칠 때가 이르자 하나님께서는 예수님을 십자가에 못 박아 죽이려고 하는 음모가 이루어지도록 허락하셨습니다. 결국 예수님께서는 악한 자들의 손에 의해 머리에 가시관을 쓰고 나무 십자가에 양손, 양발을 못 박혀 말할 수 없는 고통을 당하며 운명하셨습니다.

십자가의 처형은 죄인을 죽이는 가장 가혹한 처형법입니다. 전혀 죄가 없는 예수님을 이처럼 잔인하게 죽인 후에 원수 마귀는 얼마나 기뻐했겠습니까. 더 이상 자신을 훼방할 자가 없으니 세세토록 세상에서 왕 노릇 할 수 있다고 생각하며 개가를 불렀지만 바로 여기에 하나님의 비밀한 섭리가 감추어진 것입니다.

영계의 법을 어긴 원수 마귀

하나님께서는 전지전능하시지만 공의롭기 때문에 법을 어기면서까지 절대 주권을 행사하지는 않으며 모든 것을 영계의 법칙에 따르십니다. 그래서 인간 구원의 길도 영계의 법칙에 따라 만세 전에 예비하셨습니다. 영계의 법칙에 의하면 죄의 삯은 사망이므로(롬 6:23) 누구든지 죄를 짓지 않으면 결코 사망에 이를 수 없는데 원수 마귀는 아무런 죄도, 흠도 없으신(벧전 2:22, 23) 예수님을 십자가에 못 박았습니다.

이로써 원수 마귀 사단은 영계의 법을 어기게 되었고, 스스로 자기 꾀에 넘어가 오히려 하나님께서 예정하신 인간 구원의 섭리를 이루는 도구가 되었으며, 창세기에 예언한 대로 여자의 후손에 의해 뱀의 머리가 상한 격이 되고 만 것입니다.

일반적으로 뱀은 꼬리가 밟히거나 몸이 잘려도 힘을 잃지 않습니다. 하지만 머리를 잡히면 꼼짝하지 못하는 특성이 있습니다. 따라서 뱀이 여자와 원수가 되고 여자의 후손이 그의 머리를 상하게 한다는 말씀은 영적으로 원수 마귀 사단이 예수 그리스도에 의하여 권세를 빼앗기고 힘을 잃는다는 뜻입니다.

한편 뱀이 여자의 후손의 발꿈치를 상하게 한다는 말씀은 영적으로 원수 마귀 사단이 예수님을 십자가에 못 박아 처형할 것을 의미하며, 모두 그대로 이루어졌습니다.

예수님을 통한 인간 구원의 섭리

하나님께서 만세 전에 예비하신 인간 구원의 섭리는 예수님이 십자가에 못 박혀 돌아가신 후 사망 권세를 깨뜨리고 사흘 만에 부활함으로써 성취되었습니다. 지금부터 약 6천 년 전에는 아담이 불순종의 죄를 범하여 영계의 법을 어김으로써 하나님에게서 받은 모든 권세를 마귀에게 넘겨줄 수밖에 없었지만(눅 4:6), 그로부터 약 4천 년이 지난 뒤에는 반대로 원수 마귀가 영계의 법을 어겨 스스로 패망의 길로 가게 되었으니 얼마나 놀라운 하나님의 지혜입니까?

그러므로 원수 마귀는 예수님을 구세주로 영접하여 그 이름을 믿으면 누구든지 하나님 자녀로 내줄 수밖에 없게 된 것입니다. 만일 원수 마귀가 이러한 하나님의 지혜를 미리 알았더라면 어찌 예수님을 십자가에 못 박아 죽였겠습니까. 고린도전서 2장 8절에 "이 지혜는 이 세대의 관원이 하나도 알지 못하였나니 만일 알았다면 영광의 주를 십자가에 못 박지 아니하였으리라" 말씀하신 대로 결코 예수님을 죽이지 않았을 것입니다.

오늘날에도 이러한 비밀을 깨닫지 못하는 사람들은 '왜 전지전능한 하나님께서 자신의 아들을 지켜 주지 못하고 비참하게 십자가에 달려 죽게 놔두셨는가?' 하는 의문을 품기도 합니다.

그러나 십자가의 섭리를 올바로 깨달으면 왜 예수님께서 그처럼 죽음을 당하셨는지, 어떻게 예수님께서 원수 마귀를 무너뜨리고 만왕의 왕, 만주의 주가 되셨는지 등 하나님의 뜻과 섭리를 분명히 알 수 있습니다. 모든 인류의 죄를 대속하기 위해 아무 죄 없이 십자가에 달려 죽으셨다가 3일 만에 부활한 예수님을 구세주로 믿으면 누구든지 의로움을 인정받아 구원에 이를 수 있는 것입니다.

2 예수님께서 나무 십자가에 달리신 이유

토지 무르기 법칙에 합당한 자격을 갖춘 예수님께서는 왜 나무 십자가에 달려 죽으셔야 했을까요?

사형제도에는 여러 가지가 있는데 예수님께서 굳이 나무 십자가에 달려 피 흘리신 데에는 깊은 영적인 의미가 있습니다. 갈라디아서 3장 13, 14절을 중심으로 예수님께서 나무 십자가에 달려 피 흘리신 이유를 세 가지로 나누어 살펴보겠습니다.

첫째, 율법의 저주에서 속량하시기 위해서입니다.

갈라디아서 3장 13절을 보면 "그리스도께서 우리를 위하여 저주를 받은 바 되사 율법의 저주에서 우리를 속량하셨으니 기록된바 나무에 달린 자마다 저주 아래 있는 자라 하였음이라" 하고 있습니다. 이는 예수님께서 나무 십자가에 달려 죽으심으로써 모든 인류를 율법의 저주에서 속량하였다는 것입니다.

첫 사람 아담이 불순종한 탓에 모든 사람이 죄인 되어 저주받고 사망의 길을 갈 수밖에 없었습니다. 로마서 6장 23절에 기록된 대로 '죄의 삯은 사망'이라는 율법의 저주 아래 놓인 것입니다. 이러한 저주에서 속량하려면 영계 법칙에 따라 저주를 받은 바 되어 나무에 달려야 했으므로(신 21:23) 하나님께서는 모든 사람을 대신하여 하나님의 아들인 예수님을 나무 십자가에 내주실 수밖에 없었습니다.

그러므로 예수님께서는 모든 사람을 율법의 저주에서 구원하고자 대신 저주받아 나무 십자가에 달려 피 흘리신 것이며, 이로써 율법의 저주에서 속량하고 하나님의 자녀 된 권세를 얻는 길이 모든 사람에게 열린 것입니다(롬 5:17~19).

레위기 17장 11~14절을 보면 "육체의 생명은 피에 있음이라 내가 이 피를 너희에게 주어 단에 뿌려 너희의 생명을 위하여 속하게 하였나니 생명이 피에 있으므로 피가 죄를 속하느니라 … 모든 생물은 그 피가 생명과 일체라" 말씀합니다. 모든 육체에는 피가 있어야 생명이 유지되고 없으면 죽게 되므로 생명과 일체라고 말씀하는 것이지요. 결국 육의 생명은 썩어 한 줌 흙으로 돌아가고, 영의 생명을 얻지 못한 죄인은 영원한 사망인 지옥으로 가는 것입니다.

따라서 영생할 수 있는 영의 생명을 얻으려면 죄를 용서받아야 하는데, 그러기 위해서는 히브리서 9장 22절에 "율법을 좇아 거의 모든 물건이 피로써 정결케 되나니 피 흘림이 없은즉 사함이 없느니라" 하신 대로 반드시 생명과 일체인 피를 흘려야 합니다.

그렇기 때문에 구약 시대에는 죄 지을 때마다 짐승의 피로 제사를 드려야 했습니다. 그러나 예수님께서는 단번에 원죄와 자범죄가 없는 깨끗한 피, 곧 영에 속한 피를 흘려 모든 사람이 온전히 죄를 용서받고 영생의 길로 갈 수 있도록 길을 열어 주셨습니다. 그러니 이제는 짐승을 잡아 제사드릴 필요가 없으며, 단지 예수 그리스도를 믿음으로써 죄를 용서받아 구원될 수 있는 것입니다.

둘째, 아브라함의 복을 이방인에게 미치게 하기 위해서입니다.

갈라디아서 3장 14절을 보면 "이는 그리스도 예수 안에서 아브라함의 복이 이방인에게 미치게 하고" 말씀합니다. 예수님께서 나무 십자가에 달리신 이유가, 믿음의 조상 아브라함에게 허락한 복이 선민 이스라엘 백성뿐 아니라 예수님을 구세주로 영접하여 믿음으로써 의롭게 된 모든 사람에게 미치게 하기 위해서라는 것입니다.

성경을 보면 아브라함은 믿음의 조상이고, 하나님의 벗이라는 영혼의 축복뿐 아니라 자녀, 건강, 장수, 물질의 복 등 이 땅에서 누릴 수 있는 모든 축복을 받아 누렸습니다.

창세기 22장 17, 18절을 보면 아브라함이 크게 축복받은 이유가 나와 있습니다. "내가 네게 큰 복을 주고 네 씨로 크게 성하여 하늘의 별과 같고 바닷가의 모래와 같게 하리니 네 씨가 그 대적의 문을 얻으리라 또 네 씨로 말미암아 천하 만민이 복을 얻으리니 이는 네가 나의 말을 준행하였음이니라" 말씀합니다.

아브라함은 하나님께서 "너의 본토 친척 아비 집을 떠나 내가 네게 지시할 땅으로 가라"(창 12:1) 하셨을 때에도 믿음으로 순종하였습니다. 또한 "네 아들 네 사랑하는 독자 이삭을 데리고 모리아 땅으로 가서 내가 네게 지시하는 한 산 거기서 그를 번제로 드리라"(창 22:2) 하셨을 때에도 어떤 이유나 핑계를 대지 않고 순종하였습니다.

이는 하나님께서 능히 죽은 자 가운데서 다시 살리실 줄 믿었기 때문입니다(히 11:19). 아브라함은 이처럼 확고한 믿음을 가졌으므로 하나님의 놀라운 사랑과 축복을 받아 믿음의 조상, 복의 근원이 된 것입니다. 그러므로 나무 십자가에 달려 죽으신 예수님을 구세주로 영접한 하나님 자녀들은 아브라함과 같은 믿음을 소유하여 이 땅에서도 모든 복을 받아 누리며 범사에 하나님께 영광을 돌려야 합니다.

셋째, 믿음으로 성령의 약속을 받게 하기 위해서입니다.

갈라디아서 3장 14절을 보면 "또 우리로 하여금 믿음으로 말미암아 성령의 약속을 받게 하려 함이니라" 말씀합니다. 이는 나무 십자가에 달리신 예수님을 구세주로 믿는 사람마다 율법의 저주에서 풀려나 믿음으로 성령의 약속을 받게 하기 위해서라는 것입니다.

우리가 예수님을 구세주로 영접하면 하나님의 자녀 된 권세를 얻고 그 증표로 성령을 선물로 받습니다(요 1:12 ; 롬 8:16). 성령을 받은 사람은 하나님을 아바 아버지라 부를 수 있으며(롬 8:15) 그 이름이 하늘나라 생명책에 기록되어(눅 10:20) 하늘나라 시민권을 가진 천국 백성이 됩니다(빌 3:20).

하나님의 마음이며 능력인 성령께서 우리 마음 안에 계시면 진리인 하나님 말씀을 깨달아 그 안에 살 수 있도록 인도하며, 위로부터 믿음을 주어 영생에 이를 수 있도록 도와주십니다.

그런데 로마서 10장 9절에 "네가 만일 네 입으로 예수를 주로 시인하며 또 하나님께서 그를 죽은 자 가운데서 살리신 것을 네 마음에 믿으면 구원을 얻으리니" 하신 대로 예수님을 구세주로 시인할 뿐 아니라 사망 권세를 깨뜨리고 부활하신 것을 마음에 믿어야 구원에 이를 수 있습니다.

예수님을 구세주로 믿는 사람이 하나님과 하나 되어 구원에 이르게 하려고 만세 전부터 계획하신 하나님의 섭리는 참으로 오묘합니다. '죄의 삯은 사망'이라는 같은 영계의 법에 따라 한 번은 사망에 이르렀고, 또 한 번은 율법의 저주에서 해방되어 믿음으로 구원받는 역사가 일어났기 때문입니다.

불순종하여 죄의 종이 되었을 때에는 원수 마귀가 가져다주는 온갖 고통과 사망을 겪어야 했으나 믿음으로 성령을 받은 사람들은 구원과 영생, 부활과 축복을 얻을 수 있는 것입니다.

하나님의 자녀 된 권세와 축복

누구든지 마음 문을 열고 예수 그리스도를 영접하면 먼저 죄를 용서받고 하나님의 자녀 된 권세를 얻어 마음에 평안과 기쁨이 임합니다. 이는 예수님께서 십자가를 지고 우리의 모든 죄를 단번에 해결해 주셨기 때문입니다.

그래서 시편 103편 12절을 보면 "동이 서에서 먼 것같이 우리 죄과를 우리에게서 멀리 옮기셨으며" 했고, 히브리서 10장 17, 18절에는 "저희 죄와 저희 불법을 내가 다시 기억지 아니하리라 하셨으니 이것을 사하셨은즉 다시 죄를 위하여 제사 드릴 것이 없느니라" 하신 것입니다.

하나님의 자녀 된 권세는 이 세상의 어떤 권세와도 비교할 수 없습니다. 이 땅에서 왕의 자녀가 누리는 권세도 대단한데 하물며 인류 역사를 주관하고 우주 만물을 다스리시는 창조주 하나님의 자녀 된 권세는 어떠하겠습니까.

그런데 막연하게 '예수님이 우리의 구세주이다'라고 생각하는 것은 믿음이라고 볼 수 없으며, 참으로 예수 그리스도는 누구이며 왜 유일한 구세주가 되는지 알고 믿어야 진정한 믿음이 될 수 있습니다.

이러한 참 믿음을 지니면 십자가의 섭리를 깨달아 마음 중심에서 "주는 그리스도시요 살아 계신 하나님의 아들이시니이다." 고백하며 하나님의 뜻대로 행합니다. 반면에 이러한 깨달음이 없다면 예수 그리스도를 지식으로 알 뿐 마음 중심에서부터 믿음을 소유한 것이 아니므로 하나님 말씀대로 행하지 못합니다.

그러므로 마태복음 7장 21절을 보면 예수님께서 "나더러 주여 주여 하는 자마다 천국에 다 들어갈 것이 아니요 다만 하늘에 계신 내 아버지의 뜻대로 행하는 자라야 들어가리라" 하시며, 우리가 구원 받기 위해서는 입술로만 주님을 부르는 것이 아니라 반드시 하나님의 뜻대로 행해야 한다는 사실을 분명히 알려 주십니다.

3 천하에 주 예수의 이름 외에는

사도행전 4장을 보면 베드로와 요한이 대제사장과 장로들 앞에서 담대히 예수님을 알리며 "다른 이로서는 구원을 얻을 수 없나니 천하 인간에 구원을 얻을 만한 다른 이름을 우리에게 주신 일이 없음이라" 선포하는 내용이 나옵니다.

그렇다면 우리의 구세주 되시는 예수의 이름 안에는 영적으로 어떤 의미가 담겨 있기에 하나님께서 천하 인간에 구원을 얻을 만한 다른 이름을 주신 일이 없을까요?

'예수'와 '예수 그리스도'의 차이

사도행전 16장 31절을 보면 "주 예수를 믿으라 그리하면 너와 네 집이 구원을 얻으리라" 했는데, 여기서 '주 예수'라 한 데에는 참으로 중요한 이유가 있습니다.

예수란 '자기 백성을 저희 죄에서 구원할 자'라는 뜻의 개인적인 이름입니다. 또한 그리스도란 메시아라는 히브리어를 헬라어로 번역한 것으로서 '기름부음을 받은 자'(행 4:27)라는 뜻이며 하나님과 사람 사이의 화목자이고, 중보자인 구세주의 직임을 가리킵니다. 즉, '예수'는 구원할 자라는 미래형의 표현인 반면 '그리스도'는 구원자로서 완성형의 표현이지요.

하나님께서는 구약 시대에 왕이나 제사장 또는 선지자를 세울 때에 기름을 머리에 부으셨습니다(레 4:3 ; 삼상 10:1 ; 왕상 19:16). 여기서 기름은 성령을 상징하므로, 기름을 붓는다는 것은 하나님께서 세운 사람에게 성령을 주신다는 뜻입니다(삼상 16:13).

예수님께서는 만세 전에 죄인 된 모든 인류를 구원하기 위한 하나님의 섭리 가운데 왕, 제사장, 선지자의 직위에 임명되어 하나님의 아들로서 성령으로 잉태되어 육신을 입고 이 땅에 오셨습니다. 그리고 우리의 죄를 대속하기 위하여 십자가에 못 박혀 돌아가셨으나 사망 권세를 깨뜨리고 3일 만에 부활하여 우리의 구세주가 되셨으니 '하나님의 구원의 섭리를 완성하신 구원자', 곧 그리스도이신 것입니다.

그러므로 예수님께서 십자가를 지기 전에는 '예수'라는 호칭을 쓰는 것이 옳지만 십자가를 지고 부활하신 뒤에는 '예수 그리스도', 혹은 '주 예수' 혹은 '주님'이라는 호칭을 써야 옳은 것이지요.

우리가 기도할 때에도 '예수님의 이름으로' 하는 것과 '예수 그리스도의 이름으로' 하는 것은 그 권세에 엄청난 차이가 있습니다. '예수'라는 이름은 구원의 섭리를 완성하기 전의 호칭이지만, '예수 그리스도'라는 호칭 속에는 우리를 구속하신 피와 사망 권세를 깨뜨린 부활, 그리고 생명이 담겨 있기 때문에 원수 마귀가 두려워 떨 수밖에 없습니다.

많은 사람이 이러한 차이를 알지 못하여 소홀히 여기기 쉬운데, 우리가 어떤 호칭을 사용하느냐에 따라 하나님의 역사와 응답의 열매가 엄연히 다르다는 사실을 알아야 하겠습니다(행 3:6).

오로지 '예'와 '아멘'으로 순종하신 예수님

예수님께서는 근본 하나님의 본체나 하나님과 동등함을 취할 것으로 여기지 않고 오히려 자기를 낮추어 종의 형체를 가져 사람들과 같이 되셨습니다. 종에게는 자기 의사가 없습니다. 오직 그 주인의 마음과 함께하여 일을 이루어 갈 뿐이지요. 자기 마음에 맞느냐 맞지 않느냐, 자기 감정에 맞느냐 맞지 않느냐에 상관없이 주인 뜻대로 하는 것이 바로 종의 본분입니다.

예수님께서는 이런 종의 마음이 되어 십자가에 달리기까지 철저히 하나님 뜻에 순종하니 인류 구속의 섭리를 온전히 이루실 수 있었습니다. 그러므로 하나님께서는 오직 예와 아멘으로 하나님의 뜻을 받들어 순종한 예수님을 지극히 높이고 오늘날 많은 사람이 주라 시인하도록 역사하셨습니다.

"이러므로 하나님이 그를 지극히 높여

모든 이름 위에 뛰어난 이름을 주사

하늘에 있는 자들과 땅에 있는 자들과 땅 아래 있는 자들로

모든 무릎을 예수의 이름에 꿇게 하시고

모든 입으로 예수 그리스도를 주라 시인하여

하나님 아버지께 영광을 돌리게 하셨느니라"(빌 2:9~11)

하나님의 권세와 권능을 나타내 보이신 예수님

요한복음 1장 3절을 보면 "만물이 그로 말미암아 지은 바 되었으니 지은 것이 하나도 그가 없이는 된 것이 없느니라" 말씀합니다. 천하 만물이 예수님으로 말미암아 창조되었으므로 예수님에게는

곧 창조주로서 만물을 다스리는 권세가 있습니다.

그러므로 예수님께서 무엇을 명하면 무생물인 바람과 바다도 순종하여 잔잔해지고 열매 없는 무화과나무를 저주하자마자 마르는 역사가 나타난 것입니다. 또한 예수님에게는 죄를 용서하는 권세가 있어 능히 죄인들을 용서하고 죄의 형벌에서 구원할 수 있었습니다.

마태복음 9장 2절을 보면 한 중풍병자가 예수님 앞에 나왔을 때 "소자야 안심하라 네 죄 사함을 받았느니라" 하셨지요. 이어지는 6절에 "인자가 세상에서 죄를 사하는 권세가 있는 줄을 너희로 알게 하려 하노라" 하신 대로 죄가 전혀 없기 때문에 능히 죄인들을 용서하고 죄의 형벌에서 구해 내는 권세가 있는 것입니다.

뿐만 아니라 예수님께서는 온갖 질병과 연약함을 치료하고 죽은 자도 살리는 권능을 가지고 계셨습니다. 요한복음 11장에는 죽은 지 나흘 된 나사로를 향해 "나사로야 나오라" 하시니 그가 팔다리를 베로 동인 채로 걸어 나오는 역사가 기록되어 있지요. 이미 썩은 냄새가 나는 시체가 예수님의 말씀 한 마디에 다시 살아나 걸어 나온 것입니다. 이처럼 예수님께서는 하나님의 놀라운 권능을 소유하셨으므로 오늘날에도 우리가 믿음으로 구하면 무엇이나 응답받을 수 있는 것입니다.

하나님의 사랑이 담긴 주 예수의 이름

요한일서 4장 10절에 "사랑은 여기 있으니 우리가 하나님을 사랑한 것이 아니요 오직 하나님이 우리를 사랑하사 우리 죄를 위하여 화목제로 그 아들을 보내셨음이니라" 하신 대로 하나님께서는 우리에게 엄청난 사랑을 주셨습니다. 독생자까지 우리를 위하여 화목 제물로 보내신 하나님께서는 예수님이 십자가에 못 박혀 피 흘리며 죽으실 때에 함께 고난당하며 인간 구원의 길을 열어 주셨습니다.

사랑 자체이신 하나님께서 아무 죄 없이 십자가 처형을 당하는 아들을 어찌 그냥 바라만 보고 계셨겠습니까? 그 마음이 얼마나 아프고 고통이 심하셨는지 우리는 성경을 통하여 잘 알 수 있습니다.

"이에 성소 휘장이 위로부터 아래까지 찢어져 둘이 되고

땅이 진동하며 바위가 터지고 무덤들이 열리며 …

백부장과 및 함께 예수를 지키던 자들이

지진과 그 되는 일들을 보고 심히 두려워하여 가로되

이는 진실로 하나님의 아들이었도다 하더라"(마 27:51~54)

예수님께서 십자가에 못 박혀 죽으신 것은 결코 어떤 죄가 있어서가 아닙니다. 하나님의 아들로서 모든 사람을 구원의 길로 인도하

기 위한 하나님의 사랑을 분명히 나타낸 것입니다. 그런데 오늘날 이처럼 놀라운 하나님의 사랑을 모르는 사람이 얼마나 많은지요.

첫 사람 아담의 불순종 때문에 인류는 죄인이 되어 하나님과 함께할 수 없게 되었습니다. 예수님께서 이 땅에 오셔서 하나님과 우리 사이에 중보자가 되어 하나님이 우리와 함께하시는 축복이 임한 것이고(마 1:23), 예수님의 십자가 고난으로 우리가 참된 평화와 안식을 누리게 된 것입니다.

그러므로 우리를 영원한 사망에서 구원하기 위하여 독생자를 보내신 하나님의 사랑, 또한 아무 흠도 죄도 없이 우리를 대신하여 십자가에 못 박힘으로써 구원의 길을 열어 주신 예수 그리스도의 사랑을 깨달아야 하겠습니다.

6장
십자가의 섭리

"그는 실로 우리의 질고를 지고
우리의 슬픔을 당하였거늘
우리는 생각하기를 그는 징벌을 받아서
하나님에게 맞으며 고난을 당한다 하였노라
그가 찔림은 우리의 허물을 인함이요
그가 상함은 우리의 죄악을 인함이라
그가 징계를 받음으로 우리가 평화를 누리고
그가 채찍에 맞음으로 우리가 나음을 입었도다
우리는 다 양 같아서 그릇 행하여
각기 제 길로 갔거늘
여호와께서는 우리 무리의 죄악을
그에게 담당시키셨도다"
(사 53:4~6)

하나님께서 참 자녀를 얻기 위해 베푸신 모든 섭리 가운데 가장 중요한 대목은 바로 예수님께서 육신을 입고 이 땅에 오셔서 온갖 고난과 십자가의 처형을 당하고 인간 구원의 길을 완성한 것입니다.

이러한 십자가의 섭리는 영적으로 깊은 의미가 있습니다. 하나님의 독생자로서 하늘 영광을 버리고 짐승의 우리에서 태어나 시종 가난한 길을 가신 것, 또한 채찍에 맞고 가시면류관을 쓰며 양손과 양발에 못 박히고 피와 물을 다 쏟기까지 예수님이 당한 고통 하나하나에는 참으로 놀라운 하나님의 사랑이 담겨 있기 때문입니다.

예수님께서 당하신 고난을 통하여 십자가의 섭리를 영적으로 분명히 깨달으면 하나님의 사랑에 감격하지 않을 수 없고 참 믿음을 소유하며, 가난이나 질병은 물론 인생의 모든 문제에 응답받고 영원한 천국을 소유할 수 있습니다. 이제 예수님의 탄생에서부터 십자가에 달려 운명하시기까지 모든 고난의 섭리를 자세히 살펴보겠습니다.

1 짐승의 우리에서 태어나 구유에 누이신 예수님

예수님께서는 근본 하나님의 본체로서 천지 만물의 주인이며 말할 수 없이 영화로운 존재이지만 모든 인류의 죄를 대속하여 구원에 이르게 하기 위해 육신을 입고 이 땅에 오셨습니다. 하나님께서는 창조주로서 전지전능한 분이니 독생자 예수를 얼마든지 호화로운 장소에서 존귀하게 태어나도록 하실 수 있습니다. 그런데도 초라한 짐승의 우리에서 태어나 구유에 누이게 하신 데에는 깊은 영적 의미가 있습니다. 물론 육적으로는 초라한 우리에서 태어났으나 영적으로는 지극히 영화롭게 태어나셨음을 알아야 합니다.

누가복음 2장 14절에 "지극히 높은 곳에서는 하나님께 영광이요 땅에서는 기뻐하심을 입은 사람들 중에 평화로다" 하신 대로 하나님께서는 예수님이 탄생할 때에 매우 기뻐하여 그곳에 수많은 천군 천사가 함께하게 하고 육의 눈으로 보이지 않는 영광의 빛으로 두르셨지요. 뿐만 아니라 이 땅의 선한 목자들과 동방 박사 등 예비한 사람들이 경배하도록 하셨습니다.

예수님께서 이 땅에 오셔서 구원의 길이 열리고 무수한 영혼이 하나님 자녀로서 천국에 들어오며, 예수님께서 만왕의 왕, 만주의 주가 될 것이기 때문입니다.

예수님의 탄생에 숨겨진 하나님의 섭리

당시 로마 황제 가이사 아구스도는 인구 조사를 위하여 호적 만들 것을 명했습니다. 따라서 로마 통치 아래 있던 모든 유대인 역시 자신의 고향, 혹은 본적지로 가 호적을 만들어야 했습니다.

다윗 자손 요셉도 호적을 만들기 위해 정혼한 마리아와 함께 베들레헴으로 갔는데, 마리아는 이미 성령으로 예수님을 잉태하고 있었으며 해산할 날이 다하였으므로 그곳에서 아기 예수님을 낳았습니다. 베들레헴은 풍요로움을 의미하는 곳으로 다윗 왕의 출생지입니다(삼상 16:1). 또한 미가서 5장 2절에 "베들레헴 에브라다야 너는 유다 족속 중에 작을지라도 이스라엘을 다스릴 자가 네게서 내게로 나올 것이라 그의 근본은 상고에, 태초에니라"고 예언되었듯이 메시아의 탄생 예정지이기도 합니다.

그런데 당시 수많은 사람이 호적을 만들기 위하여 이동했기 때문에 여관에는 묵을 곳이 없었습니다. 하는 수 없이 요셉과 마리아는 짐승의 우리 안에서 해산을 하게 되었는데, 마땅히 뉠 만한 곳이 없어 아기를 강보에 싸서 짐승의 먹이를 담아 두는 구유에 뉘었습니다. 온 인류의 구세주로서 오신 예수님께서 왜 이처럼 낮고 천한 모습으로 태어난 것일까요?

짐승과 다름없게 된 사람들을 대속하기 위하여

전도서 3장 18절을 보면 "인생의 일에 대하여 하나님이 저희를 시험하시리니 저희로 자기가 짐승보다 다름이 없는 줄을 깨닫게 하려 하심이라" 하셨습니다. 하나님 형상을 잃어버린 사람은 하나님 보시기에 짐승과 다름이 없다는 것입니다.

원래 첫 사람 아담은 영이신 하나님의 형상을 따라 지어진 생령이었으며, 하나님에게서 진리만 배웠기 때문에 영의 사람이었습니다. 그러나 하나님 말씀에 불순종하여 선악과를 먹은 뒤에는 영이 죽어 하나님과 교통할 수 없게 되었고 만물의 영장답게 살아갈 수 없었습니다. 원수 마귀 사단의 사주를 받으니 진리의 마음이 원수 마귀에게 속한 비진리로 물들어 가게 되었지요.

실제로 세상을 살아가면서 '저 사람은 짐승만도 못하다'라는 표현을 들어봤을 것입니다. 자신의 이익을 위해서라면 남을 속이고 이용하는 일이 허다하고, 사람을 사고파는 인신매매가 성행하며 부모와 자녀 간에도 목숨을 빼앗는 일까지 서슴지 않는 것이 현실입니다. 뿐만 아니라 세계 곳곳에서 끊임없는 분쟁과 갈등, 인종차별 등 각종 범죄가 난무합니다.

바로 사람의 영이 죽어 혼이 사람의 주인이 되고, 죄악으로 하나님 형상을 잃어버렸기 때문입니다. 이러한 사람은 혼과 육으로만 지은 짐승처럼 결코 하늘나라에 갈 수 없고, 하나님을 아바 아버지라 부를 수도 없습니다. 예수님께서는 본분을 벗어나 짐승만도 못한 사람들을 대속하기 위해 짐승의 우리에서 태어나신 것입니다.

참된 영의 양식이 되어 주기 위하여

예수님께서 짐승의 먹이통인 구유에 뉜 이유는 짐승보다 못한 사람들의 참된 양식이 되기 위해서입니다(요 6:51). 즉 잃어버린 하나님 형상을 회복하고 사람의 본분을 되찾아 온전한 구원에 이르게 하시기 위한 섭리이지요.

 "일의 결국을 다 들었으니 하나님을 경외하고
 그 명령을 지킬지어다 이것이 사람의 본분이니라
 하나님은 모든 행위와 모든 은밀한 일을
 선악간에 심판하시리라"(전 12:13, 14)

여기서 하나님을 경외한다는 것은 잠언 8장 13절에 "여호와를 경외하는 것은 악을 미워하는 것이라" 하신 대로 악을 모양까지라도 버려 나가는 것입니다.

참으로 하나님을 경외한다면 모든 악의 모양을 버리기 위해 힘쓰고 죄와 피 흘리기까지 싸워 그것을 버려야 합니다. 학생들이 더 나은 삶을 위해 학교에 다니며 공부하느라 수고하고 인내하는 것처럼, 우리가 사람답게 살며 하나님의 사랑과 축복을 받으려면 하나님을 경외하며 사람의 본분을 행하고자 힘써야 하는 것입니다.

성경에는 하나님께서 그의 자녀들에게 '하라, 하지 말라, 지키라, 버리라' 하신 말씀이 기록되어 있습니다. 예를 들면 '기도하라, 사랑하라, 감사하라' 등 하나님의 자녀가 마땅히 해야 할 것을 하라고 하신 반면에 '미워하지 말라, 시기하지 말라, 간음하지 말라, 술 취하지 말라' 등 사망의 길로 가게 하는 것들은 하지 말라고 하셨습니다. 또한 '안식일을 거룩하게 지키라' 등 우리가 지킴으로써 생명을 얻는 것은 지키라고 하셨으며 '악은 모든 모양이라도 버리라' 등 우리에게 해로운 것을 버리라고 하셨습니다.

사람의 본분은 하나님을 경외하고 그 명령을 지키는 것이며, 하나님께서는 모든 행위와 은밀한 일을 선악 간에 심판하십니다. 만일 우리가 사람의 본분을 행치 못하고 짐승과 다를 바 없이 산다면 당연히 심판을 받아 지옥에 떨어질 수밖에 없습니다. 이처럼 예수님께서는 짐승보다 못한 사람들의 죄를 대속하고 참된 영의 양식이 되어 주시기 위해 짐승의 우리에서 태어나 구유에 뉘었습니다.

2 부요한 자로서 가난한 길을 가신 예수님

요한복음 3장 35절을 보면 '아버지께서 아들을 사랑하사 만물을 다 그 손에 주셨다' 했고, 골로새서 1장 16절에는 '만물이 다 그로 말미암고 그를 위하여 창조되었다' 말씀합니다. 즉 예수 그리스도는 창조주 하나님의 독생자며 천지 만물의 주인이라는 것입니다.

예수님께서는 전지전능한 하나님의 본체로서 참으로 부요한 분입니다. 그런데 하나님의 독생자로서 얼마든지 부요한 삶을 누릴 수 있었지만 굳이 가난한 길을 가신 이유는 무엇일까요?

가난을 대속하고 부요케 하기 위하여

고린도후서 8장 9절을 보면 "우리 주 예수 그리스도의 은혜를 너희가 알거니와 부요하신 자로서 너희를 위하여 가난하게 되심은 그의 가난함을 인하여 너희로 부요케 하려 하심이니라" 말씀합니다. 즉 창조주의 독생자인 예수님께서 하늘 영광 다 버리고 이 땅에 오셔서 멸시 천대를 받으며 가난한 길을 가심은 인간의 가난을 대속하기 위해서입니다. 원래 하나님께서 사람을 창조하셨을 때에는 땀흘리지 않고 일하지 않아도 항상 풍요롭게 살 수 있었습니다. 그러나 첫 사람 아담이 하나님 말씀에 불순종하여 타락한 뒤부터 땀흘리는 수고가 따라야 소산을 먹을 수 있었고 부족함과 가난을 체험하며 살게 되었지요.

물론 가난한 것은 죄가 아니기 때문에 예수님께서 가난을 대속하기 위해 피를 흘리시지는 않았습니다. 그러나 가난 역시 불순종한 아담 이후에 나타난 저주의 한 부분이므로 예수님께서 친히 가난을 겪음으로써 우리로 부요케 하신 것입니다.

어떤 이는 예수님의 가난이 영적 가난을 의미한다고 말하지만 예수님께서는 성령으로 잉태되어 나신 분이며, 아버지 하나님과 하나이므로 영적으로 가난하다는 말은 옳지 않습니다. 그러니 예수님께서 부요한 자로서 가난한 길을 가신 섭리를 깨달은 사람은 하나님의 사랑과 은혜에 감사하며 하나님 영광을 위하여 부요한 삶을 영위해야 합니다.

어떤 사람은 하나님께 물질을 구하는 것이 잘못된 신앙이라고 말하고, 마치 예수 그리스도를 믿으면 가난하게 살아야 하는 것처럼 인식하기도 하는데 이는 결코 하나님 뜻이 아닙니다.

성경을 보면 우리를 부요케 할 수 있는 수많은 축복의 말씀이 있습니다. 예를 들면, 하나님께서는 신명기 28장 2~6절에 "네가 네 하나님 여호와의 말씀을 순종하면 이 모든 복이 네게 임하며 네게 미치리니 성읍에서도 복을 받고 들에서도 복을 받을 것이며 네 몸의 소생과 네 토지의 소산과 네 짐승의 새끼와 우양의 새끼가 복을 받을 것이며 네 광주리와 떡반죽 그릇이 복을 받을 것이며 네가 들어와도 복을 받고 나가도 복을 받을 것이니라" 약속하셨습니다.

또한 요한삼서 1장 2절에는 "사랑하는 자여 네 영혼이 잘됨같이 네가 범사에 잘되고 강건하기를 내가 간구하노라" 말씀하셨지요. 실제로 믿음의 조상 아브라함을 비롯하여 이삭, 야곱, 요셉, 다니엘 등 하나님의 사람들을 보면 참으로 부요한 삶을 영위했음을 알 수 있습니다.

진정 부요한 삶을 영위하려면

하나님께서는 사랑과 공의 가운데 행하시며, 심은 대로 거두게 하시는 분입니다. 부모가 사랑하는 자녀에게 좋은 것을 주기 원하는 것처럼 사랑이 많은 하나님께서도 그의 자녀가 믿고 구하는 것마다 응답하기를 원하십니다(막 11:24).

그러나 아무리 원해도 구하지 않으면 응답받을 수 없으며 구한다고 해서 무조건 응답을 주시는 것도 아닙니다. 심지 않고 거두려는 것은 하나님을 가볍고 소홀히 여기며 하나님의 법칙을 어기는 것이기 때문입니다. 더러는 "나는 심고 싶어도 가난해서 안 돼요."라고 말할 수 있을 것입니다. 그러나 성경에는 가난한 환경 속에서라도 최선을 다해 심은 사람들이 넘치게 축복받은 사례가 자주 나옵니다.

열왕기상 17장을 보면 이스라엘에 3년 반 동안 가뭄이 계속될 무렵, 사르밧 과부는 마지막 남은 한 움큼의 가루와 기름 조금으로 작은 떡을 만들어 엘리야 선지자를 공궤하였습니다. 그러자 하나님께서는 하나님의 종을 섬기는 것을 기뻐 받으시고 비가 지면에 내리는 날까지 그 통이 가루가 다하지 않고 기름이 없어지지 않도록 축복하셨습니다.

또한 예수님 당시 한 과부가 지극히 적은 금액인 두 렙돈을 헌금하는 것을 보고 다른 사람들보다 많이 드렸다고 그 여인을 칭찬하셨지요. 다른 사람들은 풍족한 중에서 일부를 드렸지만 그 여인은 자기 생활비 전부를 드렸기 때문입니다(막 12:42~44). 하나님께서는 예물의 많고 적음을 보는 것이 아니라 그 예물에 담긴 사랑과 믿음의 향을 흠향하고 넘치도록 채워 주십니다.

3 채찍에 맞고 피 흘리신 예수님

예수님은 십자가에 못 박히기 전에 로마 병사들에게 온갖 조롱과 멸시를 받았습니다. 로마 병사들은 예수님의 뺨을 때리고 침을 뱉으며 뾰족한 납덩이가 매달린 채찍으로 온몸을 내리쳤습니다.

당시 로마 병사들은 잘 단련된 세계 제일의 군인이었습니다. 그러한 병사가 예수님 옷을 벗기고 채찍으로 내리쳤으니 그 고통이 얼마나 컸겠습니까? 채찍이 예수님 몸을 휘감아 잡아챌 때마다 살이 찢기고 살점이 떨어져 나가 피가 흐르고 뼈가 드러날 정도였습니다. 그러나 예수님께서는 이사야 50장 6절에 "나를 때리는 자들에게 내 등을 맡기며"라고 예언된 대로 피하지 않으셨습니다.

죄의 문제를 해결하고 질병을 치료하시기 위하여

그러면 하나님의 아들인 예수님께서 이토록 혹독한 채찍을 맞고 피 흘린 이유는 무엇이며, 왜 이를 하나님께서 허락하셔야 했을까요? 이사야 53장에는 예수님이 받은 고난의 섭리를 아래와 같이 기록하고 있습니다.

"그가 찔림은 우리의 허물을 인함이요

그가 상함은 우리의 죄악을 인함이라

그가 징계를 받음으로 우리가 평화를 누리고

그가 채찍에 맞음으로 우리가 나음을 입었도다

우리는 다 양 같아서 그릇 행하여 각기 제 길로 갔거늘

여호와께서는 우리 무리의 죄악을 그에게 담당시키셨도다"

(사 53:5, 6)

예수님께서는 우리의 허물과 죄악 때문에 찔리고 상하였으며, 우리에게 평화를 누리게 하고 모든 질병에서 해방시키려고 징계를 받으며 채찍에 맞아 피 흘리신 것입니다.

마태복음 9장을 보면 예수님께서는 침상에 누운 중풍병자를 치료해 주실 때 먼저 "네 죄 사함을 받았느니라" 하시며 죄의 문제부터 해결한 뒤 "일어나 네 침상을 가지고 집으로 가라" 하셨습니다. 또한 요한복음 5장에는 예수님께서 38년 된 병자를 치료한 뒤에 "보라 네가 나았으니 더 심한 것이 생기지 않게 다시는 죄를 범치 말라" 하신 것을 볼 수 있습니다. 사람이 질병으로부터 해방되려면 누군가 죄의 문제를 해결해 주어야 하는데 죄를 대속하기 위해서는 반드시 피를 흘려야 합니다(레 17:11).

구약 시대에는 사람이 죄를 지으면 그때마다 짐승을 잡아 피의

제사를 드렸습니다. 하지만 예수님께서 육신을 입고 이 땅에 오셔서 흠도 티도 없는 보혈, 능력의 피를 흘린 뒤에는 더 이상 그럴 필요가 없게 되었습니다. 바로 예수님의 거룩한 피로써 과거, 현재, 그리고 미래의 죄까지 모든 죄가 대속되었기 때문입니다.

연약한 것을 친히 담당하고 병을 짊어지신 예수님

마태복음 8장 17절을 보면 "이는 선지자 이사야로 하신 말씀에 우리 연약한 것을 친히 담당하시고 병을 짊어지셨도다 함을 이루려 하심이더라" 말씀합니다. 따라서 예수님이 채찍에 맞아 피를 흘리신 이유를 알고 그 사실을 믿는 사람들은 연약함이나 질병으로 고통받을 필요가 전혀 없습니다. 베드로전서 2장 24절에도 "저가 채찍에 맞음으로 너희는 나음을 얻었나니" 하시며 완료형으로 표현한 것은 이미 예수님께서 모든 죄의 문제를 해결하셨기 때문입니다.

예수님께서 채찍에 맞고 피 흘림으로써 우리의 연약한 것을 친히 담당하고 병을 짊어지신 사실을 믿으면서도 질병으로 고통을 당하는 사람이 있는 이유는 무엇일까요?

출애굽기 15장 26절을 보면 "너희가 너희 하나님 나 여호와의 말을 청종하고 나의 보기에 의를 행하며 내 계명에 귀를 기울이며 내 모든 규례를 지키면 내가 애굽 사람에게 내린 모든 질병의 하나도 너희에게 내리지 아니하리니 나는 너희를 치료하는 여호와임이니라"

하셨습니다. 바로 하나님 보시기에 의를 행치 않기 때문입니다.

가령, 자녀가 다른 아이에게 맞고 집에 들어왔을 때 어떤 부모는 "너는 왜 만날 맞고만 다니나? 한 대 맞으면 두 대, 세 대를 때려 줘야지." 하고 가르칩니다. 또 어떤 사람은 때린 아이의 부모에게 가서 따지기도 하며, 꼭 그렇게 하지 않더라도 속으로 몹시 속상해하거나 분히 여기기도 합니다.

그러나 하나님께서는 "네 오른편 뺨을 치거든 왼편도 돌려대라" 하며 선으로 악을 이기고 원수까지도 사랑하며 화평해야 할 것을 말씀하십니다. 이처럼 하나님 보시는 의와 사람이 보는 의는 전혀 같지 않습니다. 우리가 하나님을 사랑하면 하나님의 계명과 규례를 지키는 것이 어렵지 않습니다. 기도하면서 노력하면 하나님께서 은혜와 능력을 주시기 때문에 성령의 도움으로 능히 행할 수 있는 것입니다.

이렇게 하면 어떠한 질병도 틈타지 않습니다. 설령 질병에 걸렸다 해도 그것을 치료해 주시는 분은 하나님이니 하나님 보기에 의를 행하지 못한 것을 발견하여 마음 중심으로 회개하면 깨끗이 치료될 수 있습니다.

만일 입술로는 전지전능하신 하나님이라고 고백하면서 막상 어떤 문제가 생기거나 병이 났을 때 세상에 의존하고 병원으로 달려간다면 이는 하나님의 전지전능함을 믿지 못하고 있다는 증거가 되므로 하나님께서 기뻐하시지 않습니다(대하 16장).

4 가시면류관을 쓰고 피 흘리신 예수님

면류관이란 왕이 정복 차림에 갖추어 쓰는 관을 말합니다. 그런데 예수님께서는 창조주 하나님의 아들이신데도 금은보석으로 꾸민 아름다운 면류관 대신 길고 단단한 가시로 엮은 면류관을 머리에 쓰셨습니다.

"가시면류관을 엮어 그 머리에 씌우고 갈대를

그 오른손에 들리고 그 앞에서 무릎을 꿇고 희롱하여 가로되

유대인의 왕이여 평안할지어다 하며 그에게 침 뱉고

갈대를 빼앗아 그의 머리를 치더라"(마 27:29, 30)

로마 병사들이 억센 가시 줄기를 얼기설기 엮어 머리보다 약간 작게 만들어서 눌러 씌우자 가시가 사정없이 예수님의 머리와 이마에 파고들어 온 얼굴에 피가 낭자했습니다. 전지전능한 하나님께서는 왜 사랑하는 독생자가 가시면류관을 쓰고 고통을 당하며 피를 흘리도록 허락하셨을까요?

첫째, 사람의 생각에서 오는 죄를 대속하기 위해서입니다.

하나님께서 창조한 사람이 하나님과 교통하며 그 음성을 들어 나갈 때에는 오직 하나님의 뜻대로 생각하고 순종하여 죄를 짓지 않았습니다. 그러나 뱀의 유혹을 받아 사단이 주는 생각을 받아들이자 곧 죄를 낳게 되었지요.

전에는 감히 엄두도 못 내던 선악과가 이제는 먹음직도 하고 보암직도 하며 지혜롭게 할 만큼 탐스러워 보이므로 결국은 따먹고 만 것입니다. 이렇게 첫 사람 아담과 하와를 하나님 말씀에 거역하도록 한 사단은 지금도 사람의 생각을 통하여 죄를 짓도록 역사합니다. 사람의 머리에는 기억 장치가 있어서 우리가 태어나면서부터 보고 듣고 배운 것이 느낌과 함께 입력되는데 이것을 '지식'이라고 합니다. 그리고 이러한 지식을 혼의 작용을 통해 되살려 내는 것이 바로 '생각'입니다.

그런데 사람마다 성장한 환경이 다르고 보고 듣고 배운 것이 다르기 때문에 입력된 내용도 사람마다 다를 수밖에 없습니다. 간혹 똑같은 것을 보고 듣고 배웠다 해도 저마다 어떤 느낌과 함께 받아들이느냐에 따라 가치관이 달라지지요.

이러한 사람의 생각은 하나님의 뜻과 위배되는 경우가 많습니다. 예를 들어, 사람의 상식으로는 자신이 높아지려면 온갖 수단과 방법을 동원해서라도 남을 누르고 일어서야 하는데 하나님께서는 자기를 낮추는 자를 높여 준다고 하십니다(마 23:12). 또한 대부분의 사람은 원수를 미워하는 것이 당연하다고 생각하는데 하나님께서는 "원수를 사랑하라", "네 원수가 주리거든 먹이고 목마르거든 마시우라" 하십니다.

그러므로 하나님께 속한 진리의 생각을 영적 생각이라고 하며 이와 반대되는 사람의 생각을 육적 생각이라고 합니다. 원수 마귀 사단은 육적 생각을 주관하여 하나님의 일을 훼방하는가 하면, 믿음을 갖지 못하게 방해하고 세상과 짝하며 죄를 지어 영원한 사망에 이르도록 유혹합니다.

마태복음 16장 21~23절을 보면 예수님께서 자신이 많은 고난을 받고 십자가에 못 박혀 죽을 것과 삼 일 만에 부활할 것을 알려 주며 하나님의 뜻을 전하십니다. 이때 베드로는 예수님을 붙들고 "주여 그리 마옵소서 이 일이 결코 주에게 미치지 아니하리이다" 하고 간청하지요. 그러자 예수님께서는 "사단아 내 뒤로 물러가라 너는 나를 넘어지게 하는 자로다 네가 하나님의 일을 생각지 아니하고 도리어 사람의 일을 생각하는도다" 하며 호되게 책망하셨습니다. 이는 베드로가 사단이라는 뜻이 아닙니다. 그의 생각을 주관하여 하나님의 일을 막으려 하는 것이 사단이라는 말씀입니다. 곧 예수님께서는 하나님 뜻을 좇아 온 인류를 구원하시기 위해 십자가를 져야 하는데, 오히려 베드로는 사단이 주는 육적 생각을 동원하여 하나님 일을 훼방하기 때문입니다.

고린도후서 10장 3~6절을 보면 "우리가 육체에 있어 행하나 육체대로 싸우지 아니하노니 우리의 싸우는 병기는 육체에 속한 것이 아니요 오직 하나님 앞에서 견고한 진을 파하는 강력이라 모든 이론을 파하며 하나님 아는 것을 대적하여 높아진 것을 다 파하고 모든 생각을 사로잡아 그리스도에게 복종케 하니 너희의 복종이 온전히 될 때에 모든 복종치 않는 것을 벌하려고 예비하는 중에 있노라" 말씀하셨습니다.

모든 이론을 깨뜨리고 모든 생각을 사로잡아 그리스도께 복종케 해야만 진리를 좇아갈 수 있고 영의 사람, 믿음의 사람이 될 수 있습니다. 누가 나를 한 대 때리면 나는 두 대를 때려야 상대에게 무시당하지 않는다는 등의 진리에 위배된 육적 생각과 이론을 버리고 오직 하나님 말씀에 순종하여 행해야 합니다.

또한 우리는 생각을 통해 짓는 모든 죄를 벗어 버려야 하는데, 이를 근본적으로 해결하기 위해서는 먼저 육신의 정욕과 안목의 정욕, 이생의 자랑을 버려야 합니다. 이러한 것이 바로 사단이 주관하는 비진리의 생각이기 때문입니다.

육신의 정욕이란 사람이 육신 곧 미움, 시기, 교만, 혈기, 게으름,

간음, 방탕, 탐심 등 죄의 속성을 좇아 죄를 범하고자 하는 속성입니다. 갈라디아서 5장 19~21절에 "육체의 일은 현저하니 곧 음행과 더러운 것과 호색과 우상 숭배와 술수와 원수를 맺는 것과 분쟁과 시기와 분냄과 당 짓는 것과 분리함과 이단과 투기와 술 취함과 방탕함과 또 그와 같은 것들이라" 했는데, 이와 같이 하나님께서 '버리라'고 하는 육체의 일을 하고자 하는 속성이 바로 육신의 정욕입니다.

또 안목의 정욕이란, 눈으로 보는 사물이나 귀로 듣는 것 등을 통해 마음이 동요하고 그것을 추구하려는 욕망을 뜻합니다. 안목의 정욕대로 세상을 사랑하면 이러한 욕망 외에는 유익하게 여기지 않으며 모든 것에 만족을 느끼지 못합니다.

또한 육신의 정욕과 안목의 정욕을 만족시키며 현실적인 향락을 소유하면 자랑하는 마음을 불러일으키는데 이것이 바로 이생의 자랑입니다. 이러한 것으로 빚어지는 모든 불의, 불법, 죄악을 대속하기 위해 예수님께서는 가시면류관을 쓰고 피 흘려 주셨습니다. 흠도 점도 없는 예수님의 보혈만이 우리의 죄를 대속할 수 있기 때문에 머리에 가시관을 쓰고 피를 흘림으로써 우리가 생각을 통해 짓는 모든 죄를 대속하신 것입니다.

둘째, 우리에게 좋은 면류관을 주시기 위해서입니다.

친히 가난한 길을 가시면서 우리의 가난을 대속하고 부요함을 준 것과 같은 이치이지요. 천국에는 하나님의 자녀에게 예비된 면류관이 많이 있습니다. 이 땅에서도 어떤 경기에 출전하면 참가자 전원에게 주는 참가상이 있는가 하면, 금, 은, 동메달 등 순위에 따라 주는 다양한 상이 있는 것처럼 천국의 면류관에도 여러 종류가 있습니다.

먼저, 고린도전서 9장 25절에 "이기기를 다투는 자마다 모든 일에 절제하나니 저희는 썩을 면류관을 얻고자 하되 우리는 썩지 아니할 것을 얻고자 하노라" 하신 대로 썩지 않는 면류관이 있습니다. 이는 경기에 참가한 모든 선수에게 참가상을 주듯 예수 그리스도를 믿고 죄와 싸워 그것을 버리려고 노력한 하나님의 모든 자녀에게 주는 상이지요.

또한 죄를 버리고 말씀대로 살면서 하나님께 영광 돌린 사람에게 주는 영광의 면류관이 있으며(벧전 5:4), 지극히 하나님을 사랑하여 죽도록 충성하며 모든 악의 모양을 버린 성결한 사람들이 받는 생명의 면류관이 있습니다(약 1:12 ; 계 2:10). 그리고 사도 바울처럼 모든 죄악을 버려 성결하고 나아가 하나님을 기쁘게 하는 믿음으로 하나님의 뜻대로 사명을 잘 감당한 성도들은 의의 면류관을 받습니다(딤후 4:8).

뿐만 아니라 요한계시록에 "또 보좌에 둘려 이십사 보좌들이 있고 그 보좌들 위에 이십사 장로들이 흰옷을 입고 머리에 금면류관을 쓰고 앉았더라" 하신 것처럼 금면류관도 있음을 알 수 있지요 (계 4:4). 여기서 장로란, 이 땅에서 장로 직분을 받은 사람을 의미하는 것이 아니라 하나님께서 인정하시는 장로, 즉 온전히 성결하고 온 집에 충성하는 믿음, 영원히 변치 않는 금과 같은 믿음을 소유한 사람을 의미합니다.

하나님께서는 그의 자녀들이 이 땅에서 얼마큼 죄와 싸워 그것을 버리며 사명을 잘 감당했느냐에 따라 각기 다른 면류관을 주십니다. 하나님의 자녀들이 정욕을 위하여 육신의 일을 꾀하지 않으며 예수 그리스도 말씀에 따라 단정히 행하고(롬 13:13, 14), 성령의 소욕을 좇아 행함으로 영혼이 잘되어 가는 만큼(갈 5:16), 또한 하나님께 받은 직분과 사명을 잘 감당하는 만큼 천국에서 큰 사람이 되어 좋은 면류관을 받는 것입니다.

이처럼 예수님께서 가시면류관을 쓰심으로써 천국에 좋은 면류관을 예비하니 얼마나 감사한 일입니까. 이러한 면류관을 받을 수 있는 영적 자격을 갖추는 것이 얼마나 영광된 일인지를 알아 악은 모양이라도 벗어 버림으로써 주님의 마음을 품고, 사명을 잘 감당할 뿐만 아니라 온 집에 충성하여 천국에서 가장 좋은 면류관을 받으시기 바랍니다.

5 예수님의 겉옷을 나누고 속옷을 제비뽑은 이유

예수님은 머리에 가시관을 쓰고 온몸에 심한 채찍질을 당해 피투성이가 된 채 사형집행 장소인 골고다 언덕에 도착하셨습니다. 이때 로마 병사들은 예수님을 십자가에 못 박은 뒤 겉옷을 네 깃으로 나누어 가졌으며 속옷은 나누지 않고 제비뽑았습니다.

"군병들이 예수를 십자가에 못 박고 그의 옷을 취하여

네 깃에 나눠 각각 한 깃씩 얻고 속옷도 취하니

이 속옷은 호지 아니하고 위에서부터 통으로 짠 것이라

군병들이 서로 말하되 이것을 찢지 말고

누가 얻나 제비뽑자 하니 이는 성경에

저희가 내 옷을 나누고 내 옷을 제비뽑나이다

한 깃을 응하게 하려 함이러라"(요 19:23, 24)

거룩한 하나님 말씀을 기록한 성경에 예수님의 겉옷과 속옷에 관하여 이처럼 자세하고도 구체적으로 표현한 이유는 무엇일까요? 여기에는 영적으로 깊은 의미가 담겨 있습니다. 그 해답은 서기 70년 이후 진행된 이스라엘 역사에 잘 드러나는데 과연 어떠한 섭리가 있는지 살펴보겠습니다.

벌거벗긴 채 십자가에 달린 예수님

마태복음 27장 22~26절을 보면 구세주를 알아보지 못한 이스라엘 백성의 요구에 따라 온갖 조롱과 멸시를 당한 예수님께 빌라도가 십자가 처형을 언도합니다. 예수님께서는 가시면류관을 쓰고 온갖 희롱을 당한 뒤에 나무 십자가를 지고 골고다 언덕을 올라 십자가에 달리셨습니다. 이때 빌라도는 예수님의 십자가 위에 '나사렛 예수 유대인의 왕'이라는 패를 붙였습니다.

이 패는 히브리와 로마와 헬라의 말로 기록되었습니다. 하나님의 선민인 히브리 민족의 언어, 그 당시 세계 최강국인 로마의 언어, 그리고 세계 문화를 지배한 헬라어로 기록되었다는 것은 전 세계가 예수님이 유대인의 왕이자 만왕의 왕이라는 사실을 인정하는 표시라 할 수 있습니다.

요한복음 19장 21, 22절을 보면 많은 유대인이 이 패를 읽고 빌라도에게 '유대인의 왕'이라 하지 말고 '자칭 유대인의 왕'으로 바꿔 쓰라고 합니다. 하지만 빌라도는 "나의 쓸 것을 썼다" 하며 그대로 두었습니다. 이는 예수님이 유대인의 왕임을 인정한다는 의미이지요.

빌라도가 인정했듯이 유대인의 왕 예수님께서는 하나님의 독생자이시며, 만왕의 왕이자 만주의 주입니다. 그런데도 수많은 백성이 지켜보는 앞에서 겉옷과 속옷이 모두 벗긴 채 십자가에 달려 참으로 감당하기 힘든 수치를 당했습니다.

그러므로 우리는 인간들의 온갖 수치와 더러움, 죄악, 불법, 불의 등을 대속하고자 만왕의 왕이신 예수님께서 만인이 보는 앞에서 벌거벗긴 채 온갖 수치를 당한 사실을 깨달아 하나님의 사랑에 더욱 감사해야 할 것입니다.

예수님을 벌거벗긴 채 십자가에 못 박은 로마 병사들은 예수님의 옷을 취하였습니다. 상식적으로 생각해 보아도 예수님께서 아름답고 값비싼 옷을 입지 않으셨다는 것쯤은 충분히 짐작할 수 있습니다. 그렇다고 해서 병사들에게 선견지명이 있어 장차 예수님을 위대한 메시아로서 기독교인들이 섬길 것을 알고 취했을 리는 없습니다. 바로 시편 22편 18절에 "내 겉옷을 나누며 속옷을 제비뽑나이다"라고 예언된 구약 시대의 말씀을 응하게 하기 위하여 하나님께서 로마 병사들이 예수님의 옷을 취하도록 허락하신 것입니다(요 19:24).

예수님의 겉옷을 네 깃으로 나누게 하신 섭리

그러면 예수님의 겉옷은 무엇을 의미하고 왜 겉옷을 네 깃으로 나누어 한 깃씩 가졌으며 이 말씀을 미리 기록해 놓으셨을까요?

예수님은 유대인의 왕이므로 여기서 '예수님의 겉옷'은 이스라엘 또는 유대 민족을 지칭합니다. 그런데 로마 병사들이 옷을 네 깃으로 나눔으로써 옷의 형체가 없어졌으니 이는 바로 이스라엘이라는 나라가 망하여 없어질 것을 의미하지요. 그러나 옷 조각은 남았으니 나라는 없어져도 이스라엘이라는 이름만은 남을 것을 나타냅니다.

결국 예수님의 겉옷이 네 깃으로 나뉜 것처럼 나라가 망하여 유대인들이 동서남북으로 흩어진 것을 우리는 이스라엘 역사에서 잘 알 수 있습니다. 예수님이 십자가에서 돌아가신 지 40년이 채 못 되어 예루살렘은 로마의 타이터스 장군에 의해 함락되었고, 성전 건물은 돌 위에 돌 하나도 남지 않고 무너져 버렸습니다. 이스라엘이라는 이름만 남았을 뿐, 나라가 없어지니 백성은 사방으로 흩어져 핍박받거나 죽음에 이르렀는데, 이것이 오늘날까지도 유대인이 전 세계에 흩어져 사는 이유입니다.

그리고 마태복음 27장 23절을 보면 빌라도가 예수님의 무죄를 인정하자 악의에 찬 군중은 더욱 소리 높여 십자가에 못 박기를 구하는 장면이 나옵니다. 이때 빌라도는 죄없는 사람의 억울한 죽음에 자신이 관계없다는 뜻으로 물을 가져다가 손을 씻으며 "이 사람의 피에 대하여 나는 무죄하니 너희가 당하라" 하니 유대인들은 "그 피를 우리와 우리 자손에게 돌릴지어다" 외쳤습니다.

그런데 놀라운 것은 이스라엘의 역사를 보면 이처럼 악한 말을 한 유대인과 그 자손들에게 그대로 보응되어 무수한 사람이 피를 흘린 점입니다. 곧 이스라엘이 함락될 때에 무려 110만 명의 유대인이 학살됐을 뿐 아니라 2차 세계대전 때에는 약 6백만 명의 유대인이 나치에 희생되었습니다.

나치 치하에서 겪은 유대인의 참상을 그린 영화 〈쉰들러 리스트〉를 보면 유대인이 남녀노소 구분 없이 벌거벗긴 채 참혹하게 죽어가는 장면을 볼 수 있지요. 이것은 그들이 구세주를 알아보지 못하고, 유대인의 왕이며 죄가 없는 예수님을 벌거벗겨 십자가에 처형하면서 "그 피를 우리와 우리 자손에게 돌릴지어다"라고 말한 것이 엄청난 환난으로 임한 사실을 입증합니다.

예수님의 속옷을 호지 않고 통으로 짠 이유

요한복음 19장 23절에 "이 속옷은 호지 아니하고 위에서부터 통으로 짠 것이라" 기록되어 있는데, 호지 않았다는 것은 여러 겹의 헝겊을 겹쳐 꿰매지 않았다는 뜻이요. 대개 사람들은 옷을 입을 때 그것을 어떻게 만들었는지, 더구나 위에서부터 짠 것인지 밑에서부터 싼 것인지 등에는 별로 관심을 두지 않습니다. 그런데 하나님께서 예수님의 속옷을 이처럼 세밀하게 기록하게 하신 까닭은 무엇일까요?

성경을 보면 인류의 조상은 아담, 믿음의 조상은 아브라함, 이스라엘의 조상은 야곱입니다. 하나님께서 이스라엘의 조상을 아브라함이라 하지 않고 야곱이라 한 것은, 믿음의 조상은 아브라함이지만 약속의 아들 이삭이 낳은 야곱에 의해 열두 지파가 형성되고 그들이 이스라엘이라는 국가를 세웠기 때문입니다.

창세기 35장 10, 11절에 "네 이름이 야곱이다마는 네 이름을 다시는 야곱이라 부르지 않겠고 이스라엘이 네 이름이 되리라 하시고 그가 그의 이름을 이스라엘이라 부르시고 그에게 이르시되 나는 전능한 하나님이니라 생육하며 번성하라 국민과 많은 국민이 네게서 나고 왕들이 네 허리에서 나오리라" 축복하는 것을 볼 수 있습니다.

과연 이 말씀대로 이스라엘은 야곱의 열두 아들에 의해 기틀이 형성되어 순수한 단일민족으로 내려오다가 솔로몬 왕의 아들인 르호보암 때 북이스라엘과 남유다로 나뉘었습니다. 그 후 북이스라엘은 이방인과 결합하였으나 남유다는 단일민족으로 내려왔으며 바로 이들이 오늘날 유대인이라 불립니다.

그러므로 예수님의 속옷이 '호지 아니하고 위에서부터 통으로 짠 것'이라는 말씀은, 곧 이스라엘이라는 나라는 야곱에 의하여 형성된 이후 현재에 이르기까지 이방인과 섞이지 않은 순수한 단일민족이라는 뜻입니다.

예수님의 속옷을 나누지 않고 제비뽑은 섭리

여기서 속옷은 사람의 마음을 의미합니다. 곧 예수님께서는 이스라엘의 왕이시니 예수님의 속옷은 바로 이스라엘 백성의 마음을 뜻합니다. 이스라엘 백성은 아브라함을 믿음의 조상으로 하여 선택

받은 하나님의 백성으로서 오직 참 신이신 하나님 한 분만을 첫째로 섬겨 왔습니다. 따라서 예수님의 속옷을 찢지 않았다는 것은, 비록 이스라엘 민족이 나라를 빼앗기더라도 이스라엘을 이루는 유대인의 민족정신, 즉 하나님을 섬기는 마음만은 찢어지지 않고 보전된다는 뜻입니다.

설령 이스라엘이 이방인에게 멸망하여 나라 형체가 없어진다 해도 이스라엘 백성의 마음 중심에 계신 하나님, 즉 하나님을 향한 마음만은 이방인들이 없앨 수 없음을 성경에서 예언한 것입니다. 이러한 변함없는 중심을 소유한 민족이기 때문에 하나님께서는 이스라엘을 선민으로 택하고 성경에 기록한 대로 하나님 나라와 의를 이루시는 것입니다.

오늘날에도 이스라엘 사람의 율법을 지키려는 변함없는 중심을 볼 수 있는데, 이는 변함없는 야곱의 중심을 혈통으로 이어받았기 때문입니다. 이러한 이스라엘은 나라를 잃은 지 오래 세월이 지난 1948년 5월 14일 독립하여 전 세계를 놀라게 하였습니다. 또한 독립한 뒤 짧은 기간에 선진국가로 떠오르면서 그들 민족의 우수성을 전 세계에 다시 한 번 확증하였습니다.

호지 않고 위에서부터 통으로 짠 예수님 속옷을 로마 병사들이 찢을 수 없었던 것처럼 어떤 이방인도 하나님을 섬기는 이스라엘 백성의 마음을 빼앗을 수 없었고 결국 이스라엘 백성은 독립하여 하나님 선민으로서 하나님의 뜻을 이룬 것입니다.

성경에 예언된 이스라엘의 역사와 마지막 때

하나님께서는 예수님이 입었던 옷을 통해 이스라엘 역사를 예언하셨는데 성경에는 마지막 때에 관해서도 암시되어 있습니다.

에스겔 38장 8, 9절을 보면 "여러 날 후 곧 말년에 네가 명령을 받고 그 땅 곧 오래 황무하였던 이스라엘 산에 이르리니 그 땅 백성은 칼을 벗어나서 열국에서부터 모여들어 오며 이방에서부터 나와서 다 평안히 거하는 중이라 네가 올라오되 너와 네 모든 떼와 너와 함께한 많은 백성이 광풍같이 이르고 구름같이 땅을 덮으리라" 하셨습니다.

여기서 '여러 날'이란 예수님께서 이 땅에 오신 때로부터 재림하기까지 기간을 말하며 '말년'이란, 마지막 때 중에서도 주님의 재림이 임박한 끝 날을 의미합니다. 또한 '이스라엘 산'이란 해발 약 790미터의 고원지대에 있는 예루살렘을 의미합니다. 그러므로 말년에 많은 백성이 열국에서부터 모여들어 온다는 것은, 주님이 가까이 오실 무렵 전 세계에 흩어진 이스라엘 백성이 모여들어 나라가 재건될 것을 뜻하는 말씀임을 알 수 있습니다.

이 예언대로 이스라엘은 서기 70년 로마에 의해 멸망하였다가

1948년 독립하였는데, 독립할 당시 버려진 땅에 지나지 않았으나 지금은 선진국 대열에 들게 되었습니다. 이스라엘의 독립에 대해서는 신약 성경에도 예언되어 있습니다.

마태복음 24장 32~34절을 보면 예수님께서 "무화과나무의 비유를 배우라 그 가지가 연하여지고 잎사귀를 내면 여름이 가까운 줄을 아나니 이와 같이 너희도 이 모든 일을 보거든 인자가 가까이 곧 문 앞에 이른 줄 알라 내가 진실로 너희에게 말하노니 이 세대가 지나가기 전에 이 일이 다 이루리라" 하셨습니다. 이는 예수님께서 직접 주의 임함과 세상 끝 날의 징조를 묻는 제자들에게 대답한 내용으로 여기에는 깊은 영적 의미가 담겨 있습니다.

여기서 무화과나무란 '이스라엘'을 상징합니다. 낙엽이 지고 찬바람이 불면 곧 겨울이 올 것임을 알 수 있고, 무화과나무 가지가 연해지면 여름이 가까운 줄 알 수 있듯 이스라엘이 망하여 없는 상태에서 다시 독립하거든 주님의 재림이 가까이 이른 줄 알라는 말씀입니다.

예수님께서 말씀하신 이 세대가 얼마의 기간을 의미하는지 정확하게 알 수는 없으나 분명한 것은 예수님께서 말씀한 것이니 틀림없이 이루어질 일로서 이미 이스라엘의 독립을 보았으니 때가 가까워짐을 알 수 있습니다.

성경에 예언된 세상 끝 날의 징조

마태복음 24장에 보면 마지막 때의 징조를 묻는 제자들에게 예수님께서는 마지막 때에 일어날 일을 자세히 설명하셨습니다. 다만 "그날과 그때는 아무도 모르나니 하늘의 천사들도, 아들도 모르고 오직 아버지만 아시느니라" 하며 구체적인 날짜를 말씀하시지 않았지요. 그런데 이는 이 땅에 육신을 입고 오신 사람으로서 그날과 그 시를 모른다는 것이지 십자가를 지고 부활 승천하여 우리의 구세주가 되신 후에도 모른다는 뜻은 아닙니다.

예수님께서는 이러한 세상 끝 날의 징조에 관해 여러 가지를 말씀하면서 "불법이 성하므로 많은 사람의 사랑이 식어지리라 그러나 끝까지 견디는 자는 구원을 얻으리라" 하셨습니다(마 24:12, 13).

오늘날 우리는 불법이 성하지 않은 곳이 없고 갈수록 사랑이 식으며 인정이 메말라 간다는 것을 피부로 느낄 수 있습니다. 또한 예수님께서는 "이 천국 복음이 모든 민족에게 증거되기 위하여 온 세상에 전파되리니 그제야 끝이 오리라" 하셨는데, 복음은 이미 전 세계 곳곳에 전파되었음을 잘 알고 있지요.

더욱이 오늘날에는 다니엘 12장 4절에 "다니엘아 마지막 때까지 이 말을 간수하고 이 글을 봉함하라 많은 사람이 빨리 왕래하며 지식이 더하리라" 한 대로 세계가 일일 생활권 안에 들 정도로 교통이 빨라지고 또한 지식에 지식을 더함에 따라 다양한 매체를 통해 전 세계로 신속히 복음이 전파되고 있습니다.

그러니 내가 마음의 문을 열지 않아 주님을 영접하지 않는다거나 극히 일부 지역에 아직 복음이 이르지 못했다 해도 전체적으로 보아서는 이미 온 세상에 전파된 것이나 다름없습니다.

구약 성경에 예언된 말씀이 신약 시대에 와서 대부분 이루어졌고 신약 성경에 예언된 말씀 또한 다 이루어지고 있습니다. 성령의 감동으로 기록된 하나님 말씀은 일점일획도 변함없이 하나님께서 그대로 이루십니다. 앞으로 이루어질 것으로는 주님의 재림과 7년 환난, 천년왕국, 그리고 백보좌 대심판 등 불과 몇 가지만이 남아 있습니다.

6 양손과 양발에 못 박혀 피 흘리신 예수님

십자가 처형은 당시 로마인들이 살인자나 반역자에게만 쓰는 가장 잔인하고 혹독한 사형법의 하나였습니다. 나무 십자가에 사람의 양팔을 벌린 후 양손과 양발에 큰 못을 박아 매달아 놓으니 숨이 끊어질 때까지 참으로 오래도록 심한 고통을 받으며 죽어 가야 했습니다.

하나님의 아들로서 이 땅에 와서 흠도 티도 없이 오직 선한 일만 하신 예수님께서 왜 그토록 고통스러운 십자가 처형을 받아 양손과 양발에 못 박혀 피 흘려야 했을까요?

양손과 양발에 못 박혀 십자가에 달린 고통

예수님께서 십자가를 지고 골고다 언덕의 처형장에 이르자 한 로마 병사는 쇠로 된 정을 쥐고 또 다른 병사는 망치를 들고 있다가 백부장의 구령에 맞추어 양손과 양발에 못을 박았습니다. 아무 죄 없는 예수님께서는 우리를 위하여 큰 못이 생살을 뚫고 들어오는 고통뿐 아니라 체중으로 인해 못 박힌 양손과 양발이 찢기는 고통을 당해야 했습니다. 당시 죄인을 처형하는 제도였던 참수형을 당한다면 죽음의 고통이 순간에 끝나지만 십자가 처형은 죽을 때까지 십자가에 매달려 피와 물을 다 쏟아야 하기 때문에 갈증과 탈진으로 인한 고통을 도저히 짐작할 수 없습니다.

더구나 강렬한 햇볕이 내리쬐는 사막 지대의 독한 벌레 떼가 피 냄새를 맡고 몰려와 상처 난 몸과 양손과 양발에서 흐르는 피를 빨아 먹고, 악한 백성은 죄 없는 예수님을 희롱하고 손가락질하면서 침을 뱉고 갖가지 욕설을 퍼부었습니다. 그들 중에는 "네가 만일 하나님의 아들이어든 자기를 구원하고 십자가에서 내려오라"고 모욕하는 사람들도 있었습니다(마 27:39~43).

예수님의 십자가 처형은 이같이 참으로 인간으로서는 견디기 힘든 엄청난 고통이 따르는 것이었습니다. 그러나 예수님께서 정작 고통스러워한 것은 육체의 괴로움이나 사람들의 조롱과 멸시로 인한 괴로움이 아니었습니다.

예수님 자신이 온 인류를 대신하여 모든 죄의 짐을 지고 저주를 받음으로써 비로소 온 인류가 죄에서 해방되어 구원받을 수 있게 된다는 사실을 너무나 잘 알고 있는데 어찌 십자가 처형이 고통스러웠겠습니까? 정작 예수님을 고통스럽게 한 것은 바로 인류의 저주를 한 몸에 담당했건만 이 사실을 알지 못하는 영혼들, 마음이 완악하여 믿지 않으므로 여전히 사망의 길로 가게 될 불쌍한 영혼들입니다.

양손과 양발로 지은 죄를 대속하기 위하여

만일 사람의 생각을 통하여 들어온 죄악을 마음에 심으면 손과 발을 움직여 죄를 범하므로 '죄의 삯은 사망'이라는 영계 법칙에 따라 지옥에 떨어져 영원히 고통을 받아야 합니다. 영혼은 영원불멸이므로 구원받지 못하면 꺼지지 않는 지옥불에서 이루 말할 수 없는 영원한 고통을 받지요.

그래서 "만일 네 발이 너를 범죄케 하거든 찍어 버리라 절뚝발이로 영생에 들어가는 것이 두 발을 가지고 지옥에 던지우는 것보다 나으니라 만일 네 눈이 너를 범죄케 하거든 빼어 버리라 한 눈으로 하나님의 나라에 들어가는 것이 두 눈을 가지고 지옥에 던지우는 것보다 나으니라" 하신 것입니다(막 9:45~47).

사람이 세상에 태어나 손이나 발로 짓는 죄가 얼마나 많습니까? 혈기가 나면 손으로 사람을 때리기도 하고 때로는 도적질과 도박을 하여 패가망신합니다. 그런가 하면, 발로 폭력을 행하고 가지 말아야 할 곳에 가서 죄를 짓기도 합니다. 도둑질하려고 해도 발을 움직여야 하지요. 그러니 발을 움직여 죄 짓고 지옥에 가느니 차라리 그것을 잘라 버리고 절뚝발이로 천국에 가는 편이 낫다는 것입니다. 게다가 눈으로 좋은 것을 보면 탐심이 일어나고, 보지 말아야 할 것을 봄으로써 간음도 합니다. 그러니 차라리 눈을 빼내 죄 짓지 않음으로써 천국 가는 게 낫다고 하신 것입니다.

만일 십자가 고난이 없었다면 오늘날에도 하나님의 백성은 손으로 죄를 지으면 손을, 발로 죄를 지으면 발을 찍어 버려야 합니다. 그러나 예수님께서 우리를 대신하여 십자가를 지고 양손과 양발에 못 박힘으로써 보혈을 흘려 손과 발로 짓는 죄를 모두 씻어 주셨기 때문에 그럴 필요가 없습니다.

이 얼마나 큰 하나님의 사랑인지요. 그런데 하나님의 사랑을 입은 우리가 명심해야 할 것이 있습니다. 하나님께서 빛 가운데 계신 것같이 우리도 빛 가운데 행하며 진정 죄를 회개하고 돌이킬 때 주님의 보혈로 죄를 용서해 주신다는 것입니다(요일 1:7).

하나님의 사랑과 은혜에 늘 감사하며 손과 발로 죄를 짓지 않기 위하여 먼저 생각을 통하여 들어오는 죄악을 마음에 심지 말고 오직 마음을 진리로 지켜 항상 승리하는 삶을 영위해야 하겠습니다.

7 다리를 꺾이지 않고 창으로 옆구리를 찔린 예수님

예수님께서 십자가에 달려 운명한 이 날은 거룩한 안식일 바로 전날인 금요일이었습니다. 당시 유대인들에게 안식일인 토요일은 큰 의미가 있는 날이므로 시체들을 십자가에 그대로 둘 수 없었습니다. 그래서 요한복음 19장 31절을 보면 유대인들이 빌라도 총독을 찾아가 십자가에 처형한 사람들의 다리를 꺾어 시체를 치워 달라고 요구하였습니다.

이에 총독의 허락을 받은 병사들은 예수님의 좌우편에 있던 강도들의 다리를 꺾어 처리하였으나 예수님이 이미 운명한 것을 확인하고는 다리를 꺾지 않았습니다. 당시 십자가에 처형한 사람들은 저주받은 사람들이므로 다리뼈를 꺾었는데, 예수님의 다리뼈는 꺾지 않은 것입니다. 여기에는 분명한 하나님의 섭리가 있습니다.

십자가에 달린 예수님 다리를 꺾지 않은 이유

예수님께서는 전혀 죄가 없는 분이지만 모든 인류를 율법의 저주에서 속량하기 위해 대신 저주를 받아 나무 십자가에 달려 돌아가신 것입니다. 이러한 하나님의 섭리 가운데 나무 십자가에 달린 것이지 결코 자신의 죄 때문이 아니어서 원수 마귀는 그 몸의 뼈까지 꺾을 수는 없었습니다.

시편 34편 20절에 "그 모든 뼈를 보호하심이여 그중에 하나도 꺾이지 아니하도다" 하신 대로 하나님께서는 예수님의 뼈가 꺾이지 않도록 보호하신 것입니다. 민수기 9장 12절에는 하나님께서 이스라엘 백성에게 어린 양을 먹되 "그 뼈를 하나도 꺾지 말아서" 했고, 출애굽기 12장 46절에도 어린 양의 살은 먹되 그 뼈를 꺾지 말라고 하셨습니다. 여기서 어린 양은 아무런 흠도 점도 없고 또한 자신을 화목제물로 내주기까지 우리를 사랑하신 예수 그리스도를 지칭합니다. '어린 양의 뼈를 꺾지 말라' 하신 대로 예수님의 뼈는 꺾이지 않은 것입니다.

예수님께서 창으로 옆구리를 찔린 이유

요한복음 19장 33, 34절을 보면 "예수께 이르러는 이미 죽은 것을 보고 다리를 꺾지 아니하고 그중 한 군병이 창으로 옆구리를 찌르니 곧 피와 물이 나오더라" 말씀합니다. 로마 병사가 이미 예수님의 죽음을 확인했는데도 창으로 옆구리를 찔러 피와 물을 쏟게 한 것은 사람이 참으로 악하다는 사실을 단적으로 증명한 일입니다.

예수님께서는 근본 하나님과 본체이나 하나님과 동등하게 여기지 않고 오히려 자기를 비워 종의 형체를 가져 사람들과 같이 되었으며, 자기를 낮추고 십자가에 죽음으로써 우리에게 구원의 길을 열어 주셨습니다(빌 2:6~8).

더욱이 이 땅에 계시는 동안 포로가 된 사람에게 자유를 주고 가난한 사람에게 부요함을 주며 병든 사람, 약한 사람을 치료해 주셨지요. 하나님 말씀을 전하여 한 영혼이라도 더 구원하기 위해 제대로 드시지도, 주무시지도 못했으며, 제자들이 쉴 때에도 산에 올라 기도하셨습니다.

이같이 예수님께서는 우리를 구원하기 위해 오직 선만 행했는데도 많은 유대인에게 갖은 핍박과 멸시 천대를 받고 끝내 십자가에 못 박혀 돌아가셨습니다. 이는 우리 사람의 악함 때문이며, 더군다나 죽은 줄 번연히 알면서도 창으로 옆구리를 찔렀으니 얼마나 악에 악을 더한 모습입니까?

사랑의 하나님께서는 이 같은 사람들의 악함을 알면서도 독생자 예수 그리스도를 이 땅에 보내 십자가에 못 박혀 죽게 하심으로써 우리의 죄를 대속하게 하셨습니다. 얼마나 큰 사랑인지요.

예수님께서 물과 피를 다 쏟으신 섭리

창으로 옆구리를 찔린 예수님의 몸에서는 피와 물이 흘러나왔는데 그 의미는 크게 세 가지로 나눌 수 있습니다.

첫째, 예수님께서 사람으로 오신 증거입니다.

요한복음 1장 14절을 보면 "말씀이 육신이 되어 우리 가운데 거하시매" 했습니다. 하나님께서 친히 육신을 입고 이 땅에 오셨는데 그분이 바로 예수님이라는 말씀입니다. 죄인은 하나님을 보면 죽을 수밖에 없기 때문에 하나님께서는 죄인 된 사람들에게 직접 나타나실 수 없었습니다. 그래서 예수님께서 육신을 입고 이 땅에 오셔서 하나님을 믿을 수 있는 증거를 나타낸 것입니다.

성경을 보면 예수님께서 우리와 같은 성정을 지닌 분이셨음을 증거하고 있습니다. 마가복음 3장 20절을 보면 "집에 들어가시니 무리가 다시 모이므로 식사할 겨를도 없는지라" 하였고, 마태복음 8장 24절에는 "바다에 큰 놀이 일어나 물결이 배에 덮이게 되었으되 예수는 주무시는지라" 하였습니다.

더러는 하나님의 아들이 어찌 배고픔이나 고통을 느끼겠느냐고 하지만 예수님께서는 우리 사람과 똑같이 뼈와 살로 이루어진 육체를 가지고 계셨기 때문에 때가 되면 드셔야 했고 주무셔야 했으며 때로는 아픔을 느낀 것이지요. 이처럼 하나님의 아들이지만 사람의 몸을 입고 이 땅에 오신 것을 확증하기 위해 피와 물을 쏟은 것입니다.

둘째, 육신을 가진 사람도 예수 그리스도를 닮아 신의 성품에 참

예할 수 있다는 증거입니다.

하나님께서는 거룩하고 온전한 분이므로 자녀들 역시 거룩하고 온전하기를 원하십니다. 그래서 "내가 거룩하니 너희도 거룩할지어다"(벧전 1:16), "하늘에 계신 너희 아버지의 온전하심과 같이 너희도 온전하라"(마 5:48) 하시는 것입니다.

또한 "이로써 그 보배롭고 지극히 큰 약속을 우리에게 주사 이 약속으로 말미암아 너희로 정욕을 인하여 세상에서 썩어질 것을 피하여 신의 성품에 참예하는 자가 되게 하려 하셨으니"(벧후 1:4)라고 하시며, "너희 안에 이 마음을 품으라 곧 그리스도 예수의 마음이니"(빌 2:5)라고 권면하셨습니다.

예수님께서는 육신을 입고 이 땅에 오셔서 하나님 뜻을 좇아 온전히 종이 되어 모든 사명을 감당했고, 모든 시험 환난을 이기고 하나님 말씀대로 행하여 사랑으로 율법을 완성하셨습니다. 우리와 같은 성정을 가지셨으나 모든 고통을 감수하고 하나님 뜻을 좇았고, 아무와도 다투거나 들레지 않고 죽기까지 자기를 희생하며 사랑을 실천하신 것입니다.

이같이 우리도 그리스도 예수의 마음을 품어 신의 성품에 참예하려면 무엇보다 먼저 하나님께서 싫어하시는 정과 욕심을 십자가에 못 박고 영적 사랑을 지니고 불같이 기도해야 합니다.

육적인 사랑은 자기의 유익을 구하기 때문에 시간이 흐르면 식고 배신하며, 서로 맞지 않을 때에는 고통이 따릅니다. 그러나 하나님께서 원하시는 사랑은 오래 참고 온유하며 오직 상대의 유익을 구하기 때문에 결코 변치 않으며 날로 아름답게 승화되는 영적인 사랑입니다.

세상의 정욕을 좇는 육적 사랑이 아닌 영적 사랑을 지니는 만큼 주님의 마음을 품을 수 있습니다. 더불어 누구든지 불같은 기도와 금식으로 하나님의 도움을 구할 때 하나님께서는 위로부터 은혜와 능력을 주시고 또한 성령이 악을 온전히 버릴 수 있도록 도와주십니다. 그리하여 영적 사랑을 이루고 성령의 아홉 가지 열매와 팔복의 열매를 맺어 그리스도의 형상을 이루면 하늘나라에서도 해같이 빛나는 영광의 자리에 들어갈 수 있는 것입니다.

셋째, 참 생명과 영생으로 인도하는 능력의 피와 물이라는 증거입니다.

예수님에게는 원죄도 자범죄도 없습니다. 그러므로 예수님께서 흘린 피와 물은 흠과 타가 없는 보배로운 것이며, 영적으로 볼 때 부활할 수 있는 피와 물입니다. 우리 같은 육신을 입으셨지만 사람과 전혀 다른 능력의 피와 물입니다.

이처럼 흠도 점도 없는 예수님께서 거룩한 피를 흘리셨기 때문에 우리가 죄를 용서받고 참 생명을 얻어 부활할 수 있고 영생할 수 있는 것입니다. 또한 예수님께서 흘리신 물은 영생수로서 하나님의 말씀을 의미합니다. 우리가 말씀을 듣고 깨우쳐 그대로 행하는 만큼 죄악을 벗고 진리로 채워 하나님의 참 자녀가 되는 것입니다.

그러므로 창으로 옆구리를 찔리고 피와 물을 쏟는 장면은 바로 죄 없는 예수님께서 피 흘림으로써 우리가 죄를 용서받고, 또한 말씀대로 행할 수 있는 능력을 받아 참 생명을 얻음을 나타내 줍니다. 이처럼 하나님의 사랑 가운데 값없이 생명을 얻었다는 사실을 깨달아 죄를 버리고 오직 하나님의 뜻대로 행함으로 예수 그리스도 안에서 항상 능력 있는 삶을 영위해야 하겠습니다.

7장
가상칠언

1 아버지여 저희를 사하여 주옵소서
2 오늘 네가 나와 함께 낙원에 있으리라
3 여자여 보소서 아들이니이다
　보라 네 어머니라
4 엘리 엘리 라마 사박다니
5 내가 목마르다
6 다 이루었다
7 아버지여 내 영혼을 아버지 손에
　부탁하나이다

"이에 예수께서 가라사대 아버지여 저희를

사하여 주옵소서

자기의 하는 것을 알지 못함이니이다 하시더라 …

예수께서 이르시되 내가 진실로 네게 이르노니

오늘 네가 나와 함께 낙원에 있으리라 하시니라

때가 제육시쯤 되어 해가 빛을 잃고

온 땅에 어두움이 임하여 제구시까지 계속하며

성소의 휘장이 한가운데가 찢어지더라

예수께서 큰 소리로 불러 가라사대

아버지여 내 영혼을

아버지 손에 부탁하나이다 하고

이 말씀을 하신 후 운명하시다"

(눅 23:34~46)

대부분의 사람은 임종이 가까워지면 지나온 삶을 되돌아보며 가족과 이웃에게 유언을 남깁니다. 또한 자서전이나 어떤 책을 저술할 때 그 책을 통틀어 전하고자 하는 중요한 메시지를 결론으로 남기지요.

마찬가지로 십자가에 달린 예수님께서는 말씀이 육신이 되어 이 땅에 와서 하나님의 섭리 가운데 십자가에서 운명하기까지 그 모든 일을 종합적으로 일곱 마디 말씀에 담아 선포하셨는데, 이를 '가상칠언'이라고 합니다. 예수님의 유언과 같은 가상칠언에는 어떠한 영적 의미가 담겨 있을까요?

1 아버지여 저희를 사하여 주옵소서

빌립보서 2장 6~8절을 보면 "그는 근본 하나님의 본체시나 하나님과 동등됨을 취할 것으로 여기지 아니하시고 오히려 자기를 비어 종의 형체를 가져 사람들과 같이 되었고 사람의 모양으로 나타나셨으매 자기를 낮추시고 죽기까지 복종하셨으니 곧 십자가에 죽으심이라" 말씀했습니다.

예수님께서는 바로 이러한 사랑과 순종으로써 죄인 된 우리에게 구원의 길을 열어 주기 위하여 나무 십자가에 달리셨습니다. 그 십자가 아래에서 백성은 서서 구경하며 관원들과 함께 "저가 남을 구원하였으니 만일 하나님의 택하신 자 그리스도여든 자기도 구원할지어다" 하며 비웃었습니다.

또한 병사들은 신 포도주를 주며 "네가 만일 유대인의 왕이어든 네가 너를 구원하라"며 희롱하였고, 십자가에 달린 행악자 중의 하나도 "네가 그리스도가 아니냐 너와 우리를 구원하라"고 비방하였지요.

> "해골이라 하는 곳에 이르러 거기서
> 예수를 십자가에 못박고 두 행악자도 그렇게 하니
> 하나는 우편에, 하나는 좌편에 있더라
> 이에 예수께서 가라사대 아버지여 저희를 사하여 주옵소서
> 자기의 하는 것을 알지 못함이니이다 하시더라"(눅 23:33, 34)

그런데 예수님께서는 운명하는 순간까지도 그들을 위하여 하나님께 용서를 구하는 기도를 하셨습니다. 그들은 예수님께서 하나님의 아들로서 자신들의 죄를 대속하기 위하여 십자가에 달리신 것을 알지 못하며, 자신들이 하는 일이 죄인 줄도 모르니 긍휼히 여기고 용서해 주실 것을 간구한 것입니다. 이것이 첫 번째 말씀입니다.

간절한 사랑으로 기도하신 예수님

흠도 점도 없으신 예수님께서는 저주받은 자가 달리는 나무 십자가에 못 박힌 채, 자신을 못 박은 사람들을 위하여 간절히 기도했는데 얼마나 크고 깊은 사랑인지요.

더구나 예수님께서는 창조주이며 전지전능한 하나님과 하나이니 그 능력을 힘입으면 당장이라도 십자가에서 내려오실 수 있었습니다. 그렇지만 하나님 뜻 가운데 구원의 섭리를 이루기 위하여 온갖 고난과 수치를 당하면서도 끝까지 참았고, 오히려 그들을 대신하여 용서를 빌며 사랑의 기도를 하신 것입니다.

예수님께서는 "저희를 사하여 주옵소서 자기의 하는 것을 알지 못함이니이다"라고 간절히 기도했는데 여기서 저희란, 단순히 당시에 예수님을 십자가에 못 박고 희롱한 사람들만을 의미하지 않습니다. 바로 예수 그리스도를 영접지 않고 어둠 가운데 있는 온 인류를 일컫지요.

예수님께서 하나님의 아들로서 이 땅에 와서 이루는 구원의 섭리를 알지 못해 십자가에 못 박은 그들처럼, 오늘날에도 얼마나 많은 사람이 예수 그리스도와 참된 진리를 알지 못해 엄청난 죄를 짓고 있습니까. 원수 마귀는 어둠에 속하여 빛을 싫어하기 때문에 참 빛으로 오신 예수님을 십자가에 못 박기까지 했는데, 오늘날에도 어둠에 속한 사람들을 주관하여 빛 가운데 행하려는 사람들을 핍박하는 것을 볼 수 있지요.

우리는 이에 어떻게 대처해야 할까요? 예수님께서는 십자가상의 첫 번째 말씀에서 하나님의 뜻과 성도들의 마땅히 행할 바를 깨우쳐 주십니다. 마태복음 5장 44절에 "너희 원수를 사랑하며 너희를 핍박하는 자를 위하여 기도하라"고 하신 대로 우리를 핍박하는 자라 할지라도 용서하고 사랑으로 기도함으로써 구원의 길에 이르도록 도와주어야 하겠습니다.

2 오늘 네가 나와 함께 낙원에 있으리라

예수님께서 골고다 언덕 위에 높이 세워진 십자가에 못 박혔을 때 두 강도도 함께 십자가에 못 박혔는데 누가복음 23장 33절을 보면 하나는 우편에, 하나는 좌편에 있었던 것을 알 수 있습니다.

이때 한 편 강도는 예수님을 비방하였으나 다른 편 강도는 오히려 예수님을 힐난하는 강도를 꾸짖을 뿐 아니라 회개하고 예수를 구세주로 영접합니다. 그러자 예수님께서는 그가 구원받아 낙원에 있을 것을 약속하시는데 이것이 가상칠언 중 두 번째 말씀입니다.

"달린 행악자 중 하나는 비방하여 가로되

네가 그리스도가 아니냐 너와 우리를 구원하라 하되

하나는 그 사람을 꾸짖어 가로되

네가 동일한 정죄를 받고서도 하나님을 두려워 아니하느냐

우리는 우리의 행한 일에 상당한 보응을 받는 것이니

이에 당연하거니와 이 사람의 행한 것은

옳지 않은 것이 없느니라 하고

가로되 예수여 당신의 나라에 임하실 때에

나를 생각하소서 하니

예수께서 이르시되 내가 진실로 네게 이르노니

오늘 네가 나와 함께 낙원에 있으리라 하시니라"

(눅 23:39~43)

예수님께서는 누구든지 회개할 때 죄를 용서하여 구원에 이르게 할 수 있는 메시아임을 선포하신 것입니다. 그런데 사복음서를 읽다 보면 예수님께서 십자기에 달렸을 때 그 좌우편에 함께 있던 강도들에 대한 내용이 복음서에 따라 약간 다른 것을 발견할 수 있습니다. 마태복음 27장 44절에는 "함께 십자가에 못 박힌 강도들도 이와 같이 욕하더라" 했고, 마가복음 15장 32절에는 "지금 십자가에서 내려와 우리로 보고 믿게 할지어다 하며 함께 십자가에 못 박힌 자들도 예수를 욕하더라" 하여 두 강도가 모두 예수님을 욕했다고 기록되어 있습니다.

반면에 누가복음 23장을 보면 한 편 강도는 오히려 다른 편 강도를 꾸짖었을 뿐만 아니라 스스로 회개하고 예수님을 구세주로 영접하여 구원받았다고 기록되어 있지요. 이는 성경의 기자들이 잘못 기록한 것이 아니라 하나님의 섭리 가운데 허락하신 것입니다.

성경은 하나님의 섭리와 역사에 관하여 매우 많은 양을 함축하여 기록해 놓은 책입니다. 왜냐하면 모든 내용을 낱낱이 기록하다 보면 수천 권이 되어도 모자랄 것이기 때문입니다.

오늘날에는 비디오가 있어서 어떤 사건의 현장을 촬영해 놓으면 후세 사람들도 볼 수 있지만 예수님 당시에는 그러한 도구가 없으니 아무리 중요한 장면이라도 사진 한 장 남길 수 없는 상황이었습니다. 단지 글로 기록해 놓는 방법밖에 없었는데, 복음서에 각각 다르게 기록된 말씀에서 우리는 당시 상황을 더욱 실감나게 유추할 수 있습니다.

예수님의 십자가 처형 당시 상황

예수님께서 복음을 전파하고 다닐 때 수많은 무리가 따랐습니다. 그중에는 생명의 말씀을 듣고자 하는 사람도 있었고, 기사와 표적을 보기 원하는 사람, 먹을 것을 얻고자 하는 사람도 있었으며, 또한 예수님을 너무 사모하여 자기 소유를 팔아서까지 섬기며 붙좇았던 사람도 있었지요.

누가복음 9장을 보면 예수님께서는 따르는 사람을 먹이기 위해 오병이어의 기적을 베풀기도 하셨는데, 이때 모인 남자만 해도 5천 여 명이나 되었습니다(눅 9:12~17). 그러니 예수님 처형 장소에는 그를 사랑하는 사람이나 미워하는 사람, 그 밖에 구경하러 온 사람 등 얼마나 많은 무리가 있었겠습니까?

수많은 무리가 십자가를 에워싸므로 로마 병사들은 군중이 더이상 밀려들지 못하도록 양손에 창과 방패를 들고 막았습니다. 따라서 우리는 십자가에서 약간 떨어진 곳에 사람들이 반원형으로 둘러선 장면을 연상할 수 있습니다. 이때 십자가 주변에는 대제사장과 서기관, 또한 많은 군중이 모여 예수님을 향해 악한 말을 하고 있었는데, 이렇게 소란한 가운데 한 편 강도가 예수님을 욕하는 것입니다.

그러면 어느 편 사람들이 그 소리를 정확하게 알아들을 수 있겠습니까? 그토록 소란스러운 상황이니 그 강도 편에 가까이 서 있는 사람들만이 정확하게 알아들을 수 있었을 것입니다.

그런데 가만히 보니 반대편에 달린 강도도 예수님 쪽을 향하여 인상을 쓰면서 말하는데 마치 예수님을 욕하는 것 같습니다. 사실이 강도는 예수님을 욕한 반대편 강도를 보고 책망하고 있었지만 그의 반대쪽에 있는 사람들이 볼 때에는 마치 중앙의 십자가에 달린 예수님을 향해 욕하는 것처럼 여겨졌던 것이지요. 이처럼 다른 편 강도의 말이 잘 들리지 않는 상황 속에 멀리서 그 장면을 본 사람 중 어떤 이들은 두 강도가 예수님을 욕했다고 전했습니다.

그러나 그때 상황을 정확하게 알고 기록한 누가복음을 보면 한 편 강도는 예수님을 욕한 것이 아니라 오히려 회개하여 구원에 이른 것을 볼 수 있습니다. 서로 다른 위치에 있던 전달자가 달리 전하는 내용이 그대로 성경에 기록되었기 때문에 우리는 당시의 정황을 더욱 정확하고 현장감 있게 느낄 수 있는 것이지요.

모든 것을 아시는 하나님께서는 후세 사람들이 그 상황을 정확히 분별하도록 이러한 기록의 차이를 허락하셨습니다. 성경은 일점일획도 틀림없는 하나님 말씀이며, 결코 하나님께서 능력이 없어서 틀리게 기록된 것이 아닙니다.

회개한 강도가 있게 될 낙원

십자가에 달려 죽기 직전 회개한 강도에게 예수님께서 "오늘 네가 나와 함께 낙원에 있으리라" 하셨는데, 이 말씀 안에는 많은 영적인 뜻이 담겨 있습니다.

하나님 나라인 천국은 요한복음 14장 2절에 "내 아버지 집에 거할 곳이 많도다" 하신 대로 우리가 상상하기 어려울 정도로 크고 넓습니다. 고린도후서 12장 4절을 보면 사도 바울은 천국의 낙원에 갔다 왔다고 했으며, 요한계시록 21장 2절에는 하나님 보좌가 있는 새 예루살렘 성에 대해 기록되어 있습니다.

여기서 우리는 천국이 하나의 처소가 아님을 알 수 있습니다. 낙원, 1천층, 2천층, 3천층, 새 예루살렘으로 나뉘어 있는데, 그중 새 예루살렘 성은 하나님 영광으로 가득한 곳입니다.

그런데 요한계시록 22장 14절에 "그 두루마기를 빠는 자들은 복이 있으니 이는 저희가 생명나무에 나아가며 문들을 통하여 성에 들어갈 권세를 얻으려 함이로다" 말씀합니다. 즉 구원받았다고 무조건 새 예루살렘 성에 들어가는 것이 아닙니다. 먼저 구원의 문을 열고 낙원에 들어간 다음 1천층, 2천층, 3천층의 문을 열어야 합니다. 그리고 마지막으로 열어야 할 문이 바로 새 예루살렘 성이지요.

사람마다 얼마나 하나님의 마음을 닮고 하나님 나라를 위해 충성했느냐에 따라 천국의 처소와 영광이 달라지는 것입니다. 공의로운 하나님께서는 우리가 이 땅에서 행한 대로 갚아 주시기 때문입니다(마 11:12 ; 고전 15:41). 요한복음 3장 6절에 "육으로 난 것은 육이요 성령으로 난 것은 영이니" 하신 대로 이 땅에서 얼마나 육을 버리고 성령으로 영을 낳아 영적인 사람이 되었느냐에 따라 천국에서도 영적으로 같은 부류의 사람끼리 모일 수 있도록 처소가 구분되는 것입니다(「믿음의 분량」 참조).

물론 천국은 하나님께서 다스리는 곳이니 어느 곳이나 다 아름답고 이 땅과 비교할 수 없이 행복합니다. 그러나 우리나라를 보아도 제주도나 울릉도와 같은 섬이 있는가 하면 농촌이나 중소도시가 있고, 서울특별시와 같은 대도시도 있어 각 지역마다 생활 수준이 다른 것과 같이 천국에도 각 처소마다 행복과 영광이 다릅니다.

특히 거룩한 성 새 예루살렘은 하나님 보좌가 있는 가장 영화로운 처소로, 하나님을 닮은 거룩하고 온전한 사람들이 있게 됩니다. 그러나 회개한 강도가 있을 낙원은 천국에서 가장 변두리 지역으로, 부끄러운 구원을 받은 사람들이 있는 곳입니다. 즉 예수 그리스도를 영접했으나 영적으로 변화하는 과정을 별로 거치지 못한 사람들이 있는 곳이지요.

그렇다면 회개한 강도가 낙원에 가게 된 이유는 무엇일까요? 이 강도는 다만 선한 양심을 좇아 자신이 죄인임을 고백하고 예수를 구세주로 영접하여 겨우 구원받은 것에 불과합니다. 하나님 말씀인 진리를 듣고 지켜 행하고자 죄를 버린 것도, 누구를 전도한 것도 아니며 이 땅에서 주님을 위하여 한 일이 아무것도 없습니다. 이처럼 상 받을 만한 일을 한 것이 아무것도 없기 때문에 상급 없는 낙원에 들어가는 것입니다.

운명한 뒤 윗음부에 내려가 복음을 전하신 예수님

그런데 "오늘 네가 나와 함께 낙원에 있으리라" 하신 것은 강도가 구원받아 낙원에 들어가게 될 것을 말씀한 것이지 예수님께서 낙원에 계신다는 의미는 아닙니다. 예수님은 만왕의 왕, 만주의 주로서 낙원을 포함한 모든 천국의 주인이기 때문에 이렇게 말씀하신 것입니다.

또한 여기서 오늘이란, 예수님께서 십자가에서 죽으신 날 혹은 어느 특정한 날짜를 지칭하는 것이 아닙니다. 회개한 강도가 구원받아 하나님의 자녀가 되니 바로 그 순간부터 그가 어느 곳에 있든지 함께한다는 것을 믿음으로 말씀하신 것입니다.

성경을 보면 예수님께서 운명한 뒤 곧바로 낙원에 가신 것이 아님을 알 수 있습니다. 마태복음 12장 40절에는 "요나가 밤낮 사흘을 큰 물고기 뱃속에 있었던 것같이 인자도 밤낮 사흘을 땅 속에 있으리라" 하였으며, 에베소서 4장 9절을 보면 "올라가셨다 하였은즉 땅 아랫곳으로 내리셨던 것이 아니면 무엇이냐" 했습니다.

또한 베드로전서 3장 19절에는 "저가 또한 영으로 옥에 있는 영들에게 전파하시니라" 하였지요. 이를 통해 예수님께서는 옥에 있는 영들에게 복음을 전하고 3일 만에 부활하신 것을 알 수 있습니다.

예수님께서 그렇게 하신 이유는 무엇일까요?

예수님께서 이 땅에 오시기 전인 구약 시대의 사람이나 혹은 신약 시대의 사람일지라도 복음을 한 번도 접하지 못한 사람 중에도 신을 인정하며 선하게 산 사람들이 있습니다.

그런데 단지 예수님이 누구인지를 몰랐다고 해서 지옥에 간다면 어떻게 공의의 하나님이고, 사랑의 하나님이라고 할 수 있겠습니까? 또한 하나님께서 독생자 예수님을 이 땅에 보내 십자가를 진 이후 예수 그리스도를 영접한 일부 사람들만을 구원하기 위하여 이 땅에 인간 경작을 하셨을 리는 없는 것입니다.

그러므로 복음을 듣지 못하였으나 선한 양심을 좇아 선하게 살던 사람들은 양심심판으로 구원 여부가 결정되는데, 바로 이러한 사람이 모여 있는 곳을 윗음부라고 하며, 반대로 악한 사람들이 모여 있는 곳을 아랫음부라고 합니다. 예수님께서는 이렇게 복음을 모르더라도 선한 양심으로 살아간 영혼이 모인 윗음부에 내려가 복음을 전파하신 것입니다.

하나님께서 오직 예수 그리스도 이름 외에 천하 인간에게 구원받을 만한 다른 이름을 우리에게 주신 적이 없기 때문에 친히 자신을 전하러 윗음부에 간 것이며, 그리하여 그들도 예수님을 구세주로 영접하여 구원에 이를 수 있게 된 것이지요. 그래서 성경은 예수님께서 십자가를 지기 전에는 구원받을 영혼들이 아브라함 품에 안겼다(눅 16:22)고 표현하는 반면, 예수님께서 부활하신 뒤에는 주님의 품에 안겼다고 하는 것입니다.

양심심판으로 구원받는 사람들

예수님께서 이 땅에 오시기 이전, 혹은 복음이 전파되기 이전에 살던 선한 사람들은 마음에 심겨진 의의 도를 좇아 살았는데 이것이 곧 양심의 법이자 행위의 기준이 되었습니다. 그래서 선한 사람은 아무리 힘들고 어려운 상황이라 해도 양심의 소리에 귀를 기울여 악을 행치 않았습니다.

로마서 1장 20절에 "창세로부터 그의 보이지 아니하는 것들 곧 그의 영원하신 능력과 신성이 그 만드신 만물에 분명히 보여 알게 되나니 그러므로 저희가 핑계치 못할지니라" 하신 바와 같이, 마음이 선한 사람들은 삼라만상의 변화와 오묘한 조화를 보고도 조물주 하나님의 살아 계심을 믿을 수 있는 것입니다.

또한 그들은 양심에서 내세가 있음을 인정하므로 현세의 쾌락을 좇아 자기 정욕대로 살지 않고 하나님을 경외하며 자신을 지키고 절제하며 살아갔습니다.

이에 대하여 로마서 2장 14절 이하를 보면 "율법 없는 이방인이 본성으로 율법의 일을 행할 때는 이 사람은 율법이 없어도 자기가 자기에게 율법이 되나니 이런 이들은 그 양심이 증거가 되어 그 생각들이 서로 혹은 송사하며 혹은 변명하여 그 마음에 새긴 율법의 행위를 나타내느니라" 말씀합니다. 원래 율법은 하나님께서 선민인 이스라엘 백성에게만 주셨으므로 선민이 아닌 사람에게는 율법이 없습니다. 그러나 율법이 없는 이방인이라도 율법을 행한 것으로 인정받는 경우가 있는데, 자기 양심에 따라 선을 행한 경우입니다.

양심이란 사람들이 스스로 만들어 놓은 '선과 악을 구분하는 판단 기준'을 말합니다. 각자의 양심에 따라 선을 좇거나 악을 좇지 않으면 율법을 지킨 것과 같습니다. 반대로 양심에서 악인 줄 알면서도 행하거나 선인 줄 알면서도 행치 않는다면 율법을 어긴 것과 같습니다. 즉 양심이 율법의 역할을 하는 것입니다.

따라서 복음을 듣지 못하여 예수 그리스도를 믿지 못한 사람이라 해서 무조건 구원받지 못하는 것은 아닙니다. 예수 그리스도를 믿지 않고 죽은 사람 중에서도 마음 밭이 깨끗하여 정도를 걸은 사람들은 혹여 악한 생각이 들어왔다 할지라도 마음이 선하므로 악한 생각을 제어할 수 있는 힘이 있었습니다. 이렇게 선한 마음으로 산 사람들은 양심심판에 의해 구원받을 수 있는 것입니다.

3 여자여 보소서 아들이니이다 보라 네 어머니라

사도 요한은 십자가에 달린 예수님 곁에서 직접 보고 들은 것을 기록하였는데, 그 당시 예수님 십자가 곁에는 그 모친 마리아와 이모 살로메, 글로바의 아내 마리아와 막달라 마리아가 함께 있었습니다. 요한복음 19장 26, 27절을 보면 예수님께서는 자신의 십자가 처형을 슬퍼하는 동정녀 마리아에게 앞으로 요한을 아들로 여길 것과, 하나님의 자녀 된 도리로서 요한은 마리아를 어머니와 같이 섬길 것을 부탁하셨습니다.

"예수께서 그 모친과 사랑하시는 제자가

곁에 섰는 것을 보시고 그 모친께 말씀하시되

여자여 보소서 아들이니이다 하시고

또 그 제자에게 이르시되 보라 네 어머니라 하신대

그때부터 그 제자가 자기 집에 모시니라"

예수님께서 마리아를 '여자여'라고 부른 이유

여기서 '모친'이라는 단어는 제자 요한이 자신의 관점에서 기록한 것입니다. 예수님께서 자신을 낳아 준 마리아를 향하여 어머니라 부르지 않고 '여자여'라고 부르신 이유는 무엇일까요?

요한복음 2장을 보면 예수님께서 공생애를 시작한 후에 물로 포도주를 만드시는 첫 표적이 기록되어 있습니다. 갈릴리 가나에 혼인잔치가 있어 예수님과 그 제자들도 참석하였는데 포도주가 모자라자, 마리아는 예수님께 "저희에게 포도주가 없다"고 하였습니다. 그러자 예수님께서는 "여자여 나와 무슨 상관이 있나이까 내 때가 아직 이르지 못하였나이다" 하셨지요.

마리아는 포도주가 떨어진 것을 안타까워하며 잔치에 참석한 이들에게 즐거움을 주고자 하는 마음에서 말하였으나 예수님께서는 아직 자신을 메시아로 드러낼 때가 이르지 않았기 때문에 그와 같이 답변하신 것입니다. 여기서 포도주를 만든다는 것은 영적으로 예수님께서 장차 십자가에서 보혈을 흘릴 것을 의미합니다. 그러니 이제 막 공생애에 들어간 자신이 십자가를 지고 피를 흘릴 때가 아직 이르지 않았음을 단적으로 말씀하신 것이지요.

이같이 십자가를 통한 구원의 섭리를 완성하고 공생애를 마감하는 자리에 이르기까지 예수님께서는 마리아에게 '여자여'라는 호칭을 사용함으로써 구세주로서 이 땅에 온 자신을 알렸습니다. 누구든지 믿음으로 천국에 들어갈 수 있도록 구원의 길을 열어 주시기 위해 육신을 입고 이 땅에 오신 예수님께서는 성자 하나님으로서 삼위일체 하나님의 한 분입니다. 또한 부활의 첫 열매가 되시고 재림하심으로써 구속 사업을 마무리하시는 처음과 나중이 되시는 분입니다(계 1:17, 2:8).

바로 이러한 맥락에서 예수님께서는 마리아를 어머니라 부르지 않고 '여자여'라고 표현하신 것입니다. 따라서 오늘날 하나님의 자녀들이 동정녀 마리아를 주님의 거룩한 어머니라고 표현한다거나 마리아 형태의 상을 만들어 그 앞에 경배하는 것이 얼마나 진리에 합당치 않은지를 알아야 합니다(출 20:4).

영적 소속감을 깨우쳐 주신 예수님

예수님께서는 십자가에 못 박혀 죽어 가는 자신의 모습을 보고 마음이 찢어지는 고통을 당하는 마리아를 위로하며, 사랑하는 제자 요한에게 하나님 자녀로서 마리아를 어머니처럼 섬겨야 함을 알려 주셨습니다. 십자가에 못 박혀 말할 수 없는 고통을 겪는 중에도 사후의 일까지 살피는 주님의 사랑을 느낄 수 있지요.

또한 예수님께서는 이 말씀을 통해 믿음 안에서 모든 사람이 한 형제이고 자매며 가족이라는 소속감을 분명히 깨우쳐 주십니다. 마태복음 12장 48~50절을 보면 예수님께서는 "누가 내 모친이며 내 동생들이냐 … 누구든지 하늘에 계신 내 아버지의 뜻대로 하는 자가 내 형제요 자매요 모친이니라" 하며 영적인 가족에 대해 알려 주셨습니다.

실제로 예수 그리스도를 영접하여 믿음이 자랄수록 하늘나라에 대한 소속감이 분명해져서 차츰 육의 형제보다 믿음의 형제가 더 사랑스러워짐을 느낄 것입니다. 육의 피를 나눈 형제라도 하나님 자녀가 아니면 영원한 가족이 될 수 없기 때문입니다.

이 땅에서의 혈연관계는 죽음으로써 끝이 나고 예수 그리스도를 믿지 않았거나 믿으면서도 하나님 뜻대로 행치 않은 사람들은 결국 죄의 삯으로 지옥에 갑니다(마 7:21). 우리의 육체는 하나님께서 영혼을 거두시면 그대로 썩을 시체에 불과하지만, 영혼은 창조주 하나님께서 사람을 흙으로 빚은 후에 생기를 불어넣어 만드셨으므로 영원불멸합니다.

그래서 마태복음 23장 9절에 "땅에 있는 자를 아비라 하지 말라 너희 아버지는 하나이시니 곧 하늘에 계신 자시니라" 하시는 것입니다. 그렇다고 해서 믿지 않는 부모나 형제를 멀리하라는 것이 결코 아닙니다. 참으로 육의 가족을 사랑한다면 그들에게 복음을 전함으로써 영적인 가족이 되어야 할 것입니다.

4 엘리 엘리 라마 사박다니

예수님께서는 제삼시에 십자가에 못 박혔는데, 제육시부터 온 땅에 어둠이 임하더니 예수님께서 운명한 제구시까지 계속되었습니다. 우리나라 시간으로 환산하면, 오전 9시에 십자가에 못 박혔으며 낮 12시부터 어둠이 임하여 오후 3시까지 계속된 것입니다.

"제육시가 되매 온 땅에 어두움이 임하여

제구시까지 계속하더니 제구시에

예수께서 크게 소리 지르시되

엘리 엘리 라마 사박다니 하시니 이를 번역하면

나의 하나님, 나의 하나님 어찌하여 나를 버리셨나이까

하는 뜻이라"(막 15:33, 34)

십자가에 달린 지 여섯 시간이 지난 제구시에 큰 소리로 "엘리 엘리 라마 사박다니"라고 외친 이 말씀이 가상칠언 중 네 번째 말씀입니다. 그때 예수님께서는 사막의 뜨거운 햇볕 아래 양손 양발에 못 박힌 채 무려 여섯 시간이나 매달리면서 피와 물을 쏟았기 때문에 아무런 힘도 없었습니다. 이처럼 힘든 상황인데도 "엘리 엘리 라마 사박다니"라고 큰 소리로 외친 이유는 무엇일까요?

예수님께서 십자가에 달려 온 인류에게 전하는 가상칠언은 깊은 영적 의미가 담긴 매우 귀한 말씀이므로 다른 사람에게 들리지 않으면 아무 소용이 없습니다. 이 말씀을 듣고 성경에 정확하게 기록해야 하나님 뜻이 모든 사람에게 전달될 수 있습니다.

그러므로 이를 아는 예수님께서는 가상칠언을 그 주위에 있는 사람들이 정확하게 듣고 기록할 수 있도록 온 힘을 다해 큰 소리로 외친 것입니다. 어떤 이는 이 말씀을 오해하여 예수님께서 육신을 입고 이 땅에 왔기 때문에 십자가 처형이 너무 고통스러워 하나님을 원망하며 부르짖는 말이라고 하는데 결코 그렇지 않습니다.

'엘리 엘리 라마 사박다니'라고 큰 소리로 외친 이유

예수님께서 이 땅에 오신 이유는 십자가를 짐으로써 원수 마귀를 멸하고 우리에게 구원의 길을 열어 주기 위해서입니다. 그래서 죽기까지 하나님 뜻을 좇았고 온전히 자기를 희생하셨습니다. 십자가를 지기 전 겟세마네 동산에서 아버지 원대로 되기를 땀방울이 핏방울이 되도록 간절히 기도했으며(눅 22:42~44) 이미 십자가 고통을 알고 그 짐을 지셨지요.

더구나 온갖 멸시 천대를 다 참으며 모든 고통을 다 견딘 분이 이제 곧 운명할 것을 알면서 어찌 하나님을 원망하실 수 있겠습니까? 따라서 십자가 형벌이 고통스러워 외치는 탄식이나 하나님을 원망하는 말이 아니라 분명한 목적이 담겨 있는 것입니다.

첫째, 예수님께서 온 인류의 죄를 대속하기 위하여 십자가에 못 박힌 것을 알리시기 위해서입니다.

독생자로서 어찌하여 자신이 하늘 권세를 다 버리고 아버지 하나님께로부터 철저히 외면을 당하는지 모든 사람이 깨달으라고 외친 것입니다. 곧 아무런 흠도 점도 없는 예수님께서 인류의 죄를 대속함으로써 그들을 구원하기 위해 처참하게 십자가를 진 것임을 알리는 절규입니다.

그런데 성경을 보면 예수님께서는 항상 하나님을 "나의 아버지"

라고 부르는데 유독 여기서는 "나의 하나님"이라 부릅니다. 이는 예수님께서 죄인 된 피조물을 대신하여 십자가를 지고 계시며 곧 죄인은 하나님을 아버지라 부를 수 없기 때문입니다. 온 인류의 죄를 한 몸에 진 죄인으로서 하나님에게서 철저히 버림받은 상태이기 때문에 감히 아버지라 부르지 못하고 '하나님'이라고 부른 것입니다.

마찬가지로 우리도 하나님을 정녕 사랑하고 사랑받을 때에는 자연스럽게 '아바 아버지'라 부르지만, 죄를 지었다거나 아직 믿음이 없어 하나님과 거리가 멀수록 아버지라고 부르지 못하고 하나님이라 부르지요. 사랑의 하나님께서는 모든 사람이 예수 그리스도를 영접하여 죄를 용서받고 빛 가운데 행함으로 하나님을 아버지라 부르는 참 자녀가 되기를 간절히 원하십니다.

둘째, 예수님께서 인생들을 위하여 죽어 주건만 수많은 인생들이 그것을 알지 못하고 여전히 사망의 길로 달려갈 것을 생각하면서 그들에게 다시 한 번 경고하고 깨우쳐 주시기 위함입니다.

하나님께서는 우리를 위해 독생자 예수 그리스도를 이 땅에 보내 피조물의 손에 조롱거리가 되고 십자가에 못 박히기까지 내주셨습니다. 이처럼 하나님께서 철저히 외면하신 이유를 예수님께서는 잘 알았지만 그를 십자가에 못 박는 무리는 전혀 알지 못했습니다.

그렇기 때문에 예수님께서는 크게 소리 질러 "나의 하나님, 나의 하나님, 어찌하여 나를 버리셨나이까?" 하시며 무지한 사람들이 하나님 사랑을 깨달을 수 있도록, 또한 회개하여 구원의 길로 돌이켜야 함을 간절히 외친 것입니다.

5 내가 목마르다

구약 성경을 보면 예수님의 십자가 고난을 예언한 것이 있는데, 시편 69편 21절에는 "저희가 쓸개를 나의 식물로 주며 갈할 때에 초로 마시웠사오니" 말씀합니다. 이 말씀대로 십자가에 달린 예수님께서 "내가 목마르다" 하시니 사람들이 신 포도주를 머금은 해융을 우슬초에 매어 예수님의 입에 댑니다.

"이후에 예수께서 모든 일이 이미 이룬 줄 아시고
성경으로 응하게 하려 하사 가라사대 내가 목마르다 하시니
거기 신 포도주가 가득히 담긴 그릇이 있는지라
사람들이 신 포도주를 머금은 해융을 우슬초에 매어
예수의 입에 대니"(요 19:28, 29)

구약 성경의 시편 기자는 예수님께서 태어나기 훨씬 이전에 이미 감동 가운데 예수님이 십자가에 못 박혀 돌아가시는 환상을 보고

이와 같이 기록한 것입니다. 가상칠언 중 다섯 번째 말씀인 '내가 목마르다'에 담긴 영적 의미는 무엇일까요?

영적 목마름을 호소한 예수님

흔히 배고픔은 참아도 목마름은 견디기 어렵다고 합니다. 예수님께서는 사막의 뜨거운 햇볕 아래 몇 시간 동안 십자가에 못 박혀 피를 쏟아 탈진 상태에 있었기 때문에 심한 갈증으로 인한 고통은 말로 표현하기 어려운 것이었습니다.

그러나 예수님께서는 그러한 갈증을 참지 못해 "내가 목마르다" 하신 것이 아닙니다. 예수님께서는 이제 잠시 후면 아버지 품에 평안히 안길 것임을 알고 계셨습니다. 그런데도 목마르다고 하신 것은 심한 갈증보다 더 견디기 힘든 영적 목마름이 있었기 때문입니다. 이는 곧 예수님께서 하나님 자녀들을 향해 "내가 피를 흘림으로 목이 마르니 내 피 값을 찾아 목마름을 해소해 달라"는 간절한 외침인 것입니다.

예수님께서는 그로부터 약 2천여 년이 지난 지금도 여전히 우리를 향해 목마르다고 말씀합니다. 예수님의 목마름은 곧 피를 흘림으로써 생긴 것인데, 예수님께서 그처럼 피 흘리고 죽으셔야 하는 이유는 바로 우리의 죄를 대속해서 참 생명을 주기 위해서입니다.

예수님께서는 지금도 영혼들을 찾기 위한 목마름을 우리에게 호소하고 계십니다. 따라서 예수님의 십자가 보혈로 구원받은 하나님 자녀들은 마땅히 주님의 피 값을 찾아 드려야 합니다.

여기서 예수님의 피 값을 찾아 목마름을 해소해 드린다는 것은 바로 사망의 길로 가는 영혼을 구원하여 천국으로 인도하는 것을 말합니다. 우리를 위해 보혈을 흘려 구원해 주신 주님의 은혜에 늘 감사하며 영혼을 사랑하는 마음으로 열심히 기도하고 전도하여 주님의 목마름을 해소해 드려야 하겠습니다.

6 다 이루었다

요한복음 19장 30절을 보면 예수님께서는 신 포도주를 조금 입에 댄 후 "다 이루었다" 하시고 머리를 숙이고 영혼이 돌아가셨습니다. 예수님께서 신 포도주를 머금은 해융에 입을 댄 것은 갈증을 이기지 못해 그런 것이 아니며, 이에도 영적인 뜻이 담겨 있습니다.

예수님께서 신 포도주를 마신 것은 곧 구약의 율법을 사랑으로 완성하고 온 인류의 저주와 죄를 대신 졌음을 의미합니다. 예수님께서 이 땅에 오시기 전인 구약 시대에는 사람이 죄를 지을 때마다 짐승을 잡아 하나님께 그 피로 제사를 드렸습니다.

그러나 이제 예수님께서 친히 십자가에 못 박혀 피 흘림으로써 단번에 영원한 제사를 드렸기 때문에(히 10:11, 12) 믿음으로 예수 그리스도를 영접하면 죄를 용서받을 수 있게 되었습니다. 이처럼 예수 그리스도를 통한 구속의 은혜가 곧 새 포도주이며, 바로 우리에게 그것을 주기 위해 예수님 자신은 신 포도주를 드신 것입니다.

'다 이루었다'는 말씀의 영적 의미

그러면 예수님께서 신 포도주를 머금은 해융을 입에 댄 뒤 "다 이루었다" 하신 이유는 무엇일까요?

예수님께서 이 땅에 오신 이유는 십자가에 달려 죽음으로써 모든 인류에게 구원의 길을 열어 주기 위해서입니다. 그런데 이제야 인간 구원의 섭리를 온전히 이루었기 때문에 "다 이루었다" 고백할 수 있었습니다. 말씀이 육신이 되어 이 땅에 오신 예수님께서는 천국 복음을 전파하고 모든 병과 약한 것을 고쳤을 뿐만 아니라 하나님 뜻을 좇아 십자가를 짐으로써 사망으로 가던 모든 인류에게 구원의 길을 열어 주셨습니다.

죽기까지 희생함으로써 구약의 율법을 사랑으로 완성했으며 원수 마귀의 진을 깨뜨림으로써 완전히 승리했습니다. 만일 사랑이 없다면 엄청난 고통의 십자가를 어떻게 질 수 있었겠습니까? 이처럼 예수님께서는 십자가에서 운명하면서 사랑으로 온전히 율법을 완성하셨기 때문에 자신을 향하여 "다 이루었다" 고백한 것입니다.

성경은 모든 하나님의 자녀에게 주신 말씀이니 "다 이루었다"는 예수님의 고백 또한 우리에게 주신 메시지임을 알아야 합니다. 그렇다면 이 말씀은 영적으로 어떤 의미를 담고 있을까요?

예수님께서 하나님의 뜻과 섭리를 좇아 죽기까지 순종함으로써 구원의 섭리를 다 이루신 것같이 하나님의 자녀 된 우리도 오직 하나님의 뜻대로 행하여 모든 것을 이루는 사람이 되어야 한다는 말씀입니다.

우리는 죄와 피 흘리기까지 싸워 그것을 버림으로써 영적 사랑(고전 13:4~7), 성령의 아홉 가지 열매(갈 5:22, 23) 그리고 팔복(마 5:3~10)을 이루어 주님 마음을 닮아 가야 합니다. 또한 사명을 잘 감당하되 열심히 기도하고 전도하며 충성하여 많은 영혼을 주님의 품으로 인도해야 합니다.

7 아버지여 내 영혼을 아버지 손에 부탁하나이다

예수님께서는 십자가에서 오랜 시간 고통을 받으며 피와 물을 쏟았기 때문에 운명하기 직전에는 이미 기력이 전혀 없는 상태였습니다. 그런데도 큰 소리로 "아버지여 내 영혼을 아버지 손에 부탁하나이다"라는 마지막 말씀을 남기고 운명하셨습니다.

"예수께서 큰 소리로 불러 가라사대

아버지여 내 영혼을 아버지 손에 부탁하나이다

하고 이 말씀을 하신 후 운명하시다"(눅 23:46)

예수님께서는 4언에서 "나의 하나님, 나의 하나님" 하고 부른 것과 달리 여기서는 대속 제물로서 사명이 끝났기 때문에 다시 '아버지'라는 호칭을 쓰십니다.

아버지 하나님께 자신의 영혼을 부탁하는 예수님

그러면 구세주로서 이 땅에 오신 예수님께서 그 영혼을 아버지 하나님께 부탁하는 이유는 무엇일까요?

사람에게는 영, 혼, 육이 있어서(살전 5:23) 죽음을 맞이하면 영과 혼은 육을 떠납니다. 이때 하나님 자녀들의 영혼은 아버지 하나님의 품으로 가지만 그렇지 않은 사람들의 영혼은 지옥으로 갑니다(눅 16:19~31). 그리고 육은 장사되어 썩어짐으로 결국 한 줌의 흙으로 돌아가지요.

하나님의 아들 예수님께서도 육신을 입고 이 땅에 오셨으므로 우리와 마찬가지로 영과 혼과 육이 있으셨습니다. 그런데 예수님께서는 십자가에 못 박힘으로써 하나님 뜻을 다 이루었기 때문에 설령 몸은 죽을지라도 그 영혼은 어느 누구도 죽일 수 없었습니다. 그래서 운명하기 전에 아버지 하나님께 자신의 영혼을 맡기는 것입니다.

만일 하나님께서 우리의 영과 혼을 함께 받지 않고 영만을 받으신다면 하늘나라에 가서 진리만 알 뿐 이 땅에서 겪은 눈물, 슬픔, 고통 등 혼의 작용으로 알 수 있는 것을 모르기 때문에 에덴동산에서의 아담과 같이 상대적으로 천국의 행복을 느낄 수 없고 마음 중심에서 감사할 수도 없습니다. 따라서 하나님께서는 우리의 영과 혼을 함께 받으시는 것이지요.

예수님께서 자신의 영혼을 아버지 하나님께 부탁한 또 다른 이유는 우주 만물의 돌아가는 과정과 섭리뿐만 아니라 인간의 생사화복을 주관하시는 분은 바로 창조주 하나님이기 때문입니다.

마태복음 10장 29~31절을 보면 "참새 두 마리가 한 앗사리온에 팔리는 것이 아니냐 그러나 너희 아버지께서 허락지 아니하시면 그 하나라도 땅에 떨어지지 아니하리라 너희에게는 머리털까지 다 세신 바 되었나니 두려워하지 말라 너희는 많은 참새보다 귀하니라" 하셨습니다. 참새 한 마리도 하나님께서 허락지 않으시면 떨어지지 않는데 하물며 하나님의 자녀는 어떠하겠습니까?

모든 것이 하나님의 소유이며, 그 주권 아래 이루어지고, 기도 응답을 주시는 분도 오직 하나님입니다. 그러므로 예수님 자신도 아버지 하나님께 영혼을 부탁하는 기도를 드린 것입니다.

예수님께서 십자가상에서 큰 소리로 기도하신 이유

그러면 예수님께서 이루 말할 수 없는 십자가의 고통 가운데에서도 굳이 큰 소리로 "내 영혼을 아버지 손에 부탁하나이다"라고 기도하신 이유는 무엇일까요?

바로 사람들이 다 알아들을 수 있도록 하기 위해서입니다. 또한 큰 소리로 부르짖어 기도하는 것이 하나님 뜻이기 때문입니다. 더구나 하나님께 영혼을 부탁하는 기도이므로 겟세마네 동산에서 기도할 때와 같이 힘쓰고 애써 간절하게 부르짖은 것입니다.

또한 예수님께서 아버지 하나님께 "내 영혼을 아버지 손에 부탁하나이다"라고 기도한 것은 자신이 하나님 뜻을 좇아 모든 것을 다 이룬 것을 나타내는 말씀입니다. 곧 하나님 말씀에 순종하여 온전히 사명을 감당하였기 때문에 당당히 자신의 영혼을 아버지 손에 부탁할 수 있는 것이지요.

사도 바울도 생명 다해 충성해서 "내가 선한 싸움을 싸우고 나의 달려갈 길을 마치고 믿음을 지켰으니 이제 후로는 나를 위하여 의의 면류관이 예비되었으므로 주 곧 의로우신 재판장이 그 날에 내게 주실 것이니"라고 당당하게 고백할 수 있었습니다(딤후 4:7, 8).

오직 하나님 뜻대로 살며 믿음을 지킨 스데반 집사도 "주 예수여 내 영혼을 받으시옵소서" 부탁하며 죽어 갔습니다(행 7:59). 만일 세상과 짝하며 죄악 가운데 살았다면 어떻게 아버지 하나님께 자기 영혼을 부탁할 수 있겠습니까. 마찬가지로 우리도 온전히 하나님 뜻대로 살아야 "다 이루었다" 고백할 수 있으며 "내 영혼을 아버지 손에 부탁하나이다" 기도할 수 있습니다.

예수님께서 운명하신 뒤에 일어난 일

예수님께서는 십자가에서 큰 소리로 마지막 말씀을 마치고 운명하셨습니다. 이때가 제구시로서 우리나라 시간으로 오후 3시쯤 됩니다. 그런데 한낮인데도 제육시, 곧 정오부터 해가 빛을 잃고 온 땅에 어둠이 계속되었고 성소의 휘장 한가운데가 찢어졌다고 성경은 기록합니다(눅 23:44, 45).

"이에 성소 휘장이 위로부터 아래까지 찢어져 둘이 되고
땅이 진동하며 바위가 터지고 무덤들이 열리며
자던 성도의 몸이 많이 일어나되 예수의 부활 후에
저희가 무덤에서 나와서 거룩한 성에 들어가
많은 사람에게 보이니라"(마 27:51~53)

여기서 성소 휘장이 위로부터 아래까지 찢어졌다는 것은 영적으로 매우 중요한 의미가 있습니다. 성소 휘장이란, 성전 안의 성소와

지성소를 구분하기 위해 쳐 놓은 긴 커튼인데, 일반 백성은 성소에 들어갈 수 없고 더구나 지성소에는 대제사장만이 일 년에 하루 들어갈 수 있었습니다.

휘장이 위로부터 아래까지 찢어진 것은, 곧 예수님께서 화목제물이 되어 하나님과 우리 사이에 막힌 죄의 담을 다 헐었다는 것을 의미합니다. 전에는 대제사장이 우리를 대신해서 죄를 대속할 제사를 드렸고 하나님 앞에 대신 아뢰었으나 이때부터는 하나님과 막힌 담을 허물었으니 우리도 하나님과 직접 교통할 수 있는 것입니다.

곧 예수 그리스도를 믿는 사람은 누구나 하나님의 거룩한 성전에 들어와 예배할 수 있고 기도할 때에도 제사장이나 선지자를 통하지 않고 직접 하나님께 기도할 수 있는 것이지요. 그러므로 히브리서 기자는 "형제들아 우리가 예수의 피를 힘입어 성소에 들어갈 담력을 얻었나니 그 길은 우리를 위하여 휘장 가운데로 열어 놓으신 새롭고 산 길이요 휘장은 곧 저의 육체라" 말씀합니다 (히 10:19, 20).

또한 땅이 진동하며 바위가 터지고 무덤들이 열렸다고 했는데, 이는 살아 있는 산천초목 모든 것이 움직였음을 말하며, 바로 하나님께서 우리 인간의 악함을 탄식하시는 소리입니다. 독생자까지 주셔서 화목제물이 되게 했는데도 마음이 완악하여 끝내 주님을 영접지 못하고 멸망의 길로 갈 사람들을 생각하는 아버지의 아픈 마음을 표현하는 것입니다.

뿐만 아니라 '무덤들이 열리고 자던 성도의 몸이 많이 일어나되 예수님의 부활 후에 저희가 무덤에서 나왔다'고 했는데, 예수님을 믿고 죽은 사람 중에 많은 사람이 부활했음을 말씀합니다.

물론 이들이 예수님보다 먼저 부활한 것은 아닙니다. 예수님께서 운명하실 때에 많은 무덤이 열렸지만 부활의 첫 열매인 예수님께서 장사된 지 사흘째 되던 날, 즉 일요일 새벽 미명에 부활하신 뒤에야 이들도 무덤에서 나왔지요. 이는 예수 그리스도를 믿는 자마다 죄를 용서받고 다시 생명을 얻는다는 부활의 증거인 것입니다.

가상칠언에 담긴 영적 의미와 주님의 사랑을 깨달아 믿음의 선진처럼 주의 나타남을 사모하며 열심히 신앙생활을 하되 부활의 소망 가운데 항상 승리하기 바랍니다.

8장
참 믿음과 영생

"내 살을 먹고 내 피를 마시는 자는 영생을 가졌고
마지막 날에 내가 그를 다시 살리리니
내 살은 참된 양식이요 내 피는 참된 음료로다
내 살을 먹고 내 피를 마시는 자는
내 안에 거하고 나도 그 안에 거하나니
살아 계신 아버지께서 나를 보내시매
내가 아버지로 인하여 사는 것같이
나를 먹는 그 사람도 나로 인하여 살리라"
(요 6:54~57)

우리가 예수 그리스도를 믿고 교회에 다니는 궁극적인 목적은 구원받아 영생을 얻기 위해서입니다. 그런데 오늘날 예수 그리스도를 믿는다면서도 말씀대로 행치 않으면서 그저 교회만 다니면 구원을 받는다고 생각하는 사람이 꽤 있습니다.

물론 갈라디아서 2장 16절에 "율법의 행위로서는 의롭다 함을 얻을 육체가 없느니라" 하신 대로 마음은 불법으로 가득하면서 단지 율법을 행위로 나타낸다 해서 의롭게 된다거나 천국에 들어갈 수 있는 것은 아닙니다. 십자가의 도와 부활을 듣고 알면서도 말씀대로 행치 않고 여전히 죄악 가운데 산다면 그는 예수 그리스도와 상관이 없는 사람입니다.

따라서 입술로만 믿음을 고백한다고 해서 구원받는 것이 아니라 마음에서 악을 버리며 빛 가운데, 진리 가운데 행할 때 예수의 피가 우리를 죄에서 깨끗하게 하여(요일 1:5~7) 구원받는다는 사실을 깨달아 행함 있는 참 믿음을 소유해야 할 것입니다. 과연 어떻게 해야 참 믿음을 소유하여 하나님의 참 자녀로서 온전한 구원과 영생에 이를 수 있을까요?

1 이 비밀이 크도다

에베소서 5장 31, 32절을 보면 "이러므로 사람이 부모를 떠나 그

아내와 합하여 그 둘이 한 육체가 될지니 이 비밀이 크도다 내가 그리스도와 교회에 대하여 말하노라" 하셨습니다.

사람이 장성하면 부모를 떠나 남편 혹은 아내와 한 몸을 이루는 것은 누구나 다 아는 사실입니다. 그런데도 하나님께서 이 비밀이 크다고 하시는 이유는 무엇일까요? 이 말씀을 단지 육적으로 해석하면 무엇이 큰 비밀인지 알 수 없지만 영적 의미를 깨달으면 참으로 큰 비밀이 담겨 있음을 알 수 있습니다.

여기서 교회란 성령받은 하나님 자녀들을 뜻하며, 예수 그리스도와 성도와의 관계를 남자와 여자가 결합하여 한 몸을 이루는 것에 비유하여 말씀합니다. 우리가 어떻게 세상을 떠나 신랑이신 예수 그리스도와 결합하여 한 몸을 이룰 수 있을까요?

믿음으로 예수 그리스도를 영접하면

요한복음 8장 44절에 "너희는 너희 아비 마귀에게서 났으니 너희 아비의 욕심을 너희도 행하고자 하느니라" 하시며, 요한일서 3장 8절에 "죄를 짓는 자는 마귀에게 속하나니" 하신 대로 우리는 예수 그리스도를 영접하기 전에 세상에 속하고 어둠의 주관자인 원수 마귀에게 속했습니다.

그러나 주님을 영접하고 빛 가운데 나오면 예수 그리스도로 말미암아 죄를 용서받고 죄에서 해방되니 원수 마귀의 손을 떠나 하나님의 자녀 된 권세를 받습니다.

예수 그리스도께서 십자가를 짐으로써 우리의 모든 죄를 대속하셨다는 사실을 믿으면 하나님께서는 성령을 선물로 보내 주십니다. 성령이 우리 마음 안에서 영을 낳음으로 우리는 하나님의 영으로 인도받는 자녀가 되어 하나님을 아바 아버지라 부르며(롬 8:14, 15) 천국의 주인인 하나님으로부터 천국을 기업으로 물려받습니다.

사망의 길로 갈 수밖에 없던 원수 마귀의 자녀가 예수 그리스도를 믿음으로써 천국에 들어갈 수 있는 하나님의 자녀가 되었으니 얼마나 놀라운 일입니까. 그래서 이 비밀이 크도다 하신 것입니다.

마음 안에 성령을 선물로 받아 생명의 씨가 싹트고

우리가 복음을 듣고 예수 그리스도를 영접하면 진리의 마음 안에 성령이 들어가 생명의 씨와 연합하여 새로운 피조물이 됩니다. 곧 영 안에 담긴 생명의 씨가 싹이 트고 자라서 영이신 하나님과 교통할 수 있는 영의 사람이 되는 것입니다.

그러면 생명의 씨란 무엇일까요? 하나님께서는 첫 사람 아담을 지으실 때에 흙으로 정성껏 빚으시고 하나님의 능력이 담긴 생기를 코에 불어넣어 생령이 되게 하셨습니다. 이러한 생기는 에덴동산에서 낳은 아담의 후손들에게 자동적으로 전달되었지만 아담이 범죄한 후에는 상황이 달라졌지요.

창세기 2장 17절을 보면 하나님께서 첫 사람 아담에게 단 한 가지 금하신 것이 있습니다. "선악을 알게 하는 나무의 실과는 먹지 말라 네가 먹는 날에는 정녕 죽으리라" 하셨는데 여기서 죽음이란 단순히 호흡이 끊어지는 육체의 죽음이 아니라 '영의 죽음'을 뜻합니다. 영이 죽는다는 것은 영이신 하나님과의 교통이 끊어짐으로써 원수 마귀의 자녀가 된다는 의미입니다.

하나님께서는 이렇게 범죄한 아담과 하와에게서 생기를 대부분 거두고 그 흔적만 남기셨는데 이것을 생명의 씨라고 합니다. 생명의 씨란 하나님의 능력의 일부라고 할 수 있으며 하나님이 창조하신 사람이라는 인증마크와 같습니다.

범죄한 아담의 후손들은 부모에게서 생기를 전달받지 못하므로 하나님께서는 태아가 잉태된 지 6개월이 되었을 때 생명의 씨를 심어주십니다. 그런데 예수 그리스도를 영접하기 전, 생명의 씨는 마치 죽은 듯이 전혀 활동을 하지 않습니다. 딱딱한 껍질에 싸인 씨앗처럼 아무런 움직임도 없는 것입니다.

그러나 복음을 듣고 예수 그리스도를 영접하여 성령을 선물로 받으면 진리의 마음 안에 있던 생명의 씨가 싹트기 시작합니다. 우리가 자유 의지 가운데 예수 그리스도를 영접하여 성령을 선물로 받고 생명의 씨를 싹틔웠다는 증거가 있어야 천국에 들어갈 수 있

습니다. 생명의 씨가 싹트지 않고 그대로 있으면 결코 영원한 천국
에 들어가지 못합니다.

생령 아담은 에덴동산에 살면서 마음 자체를 오직 영의 지식, 진
리로만 채웠습니다. 그런데 사단의 유혹을 받아 하나님께 불순종
의 죄를 범한 후에는 하나님과의 교통이 끊어지고 말았습니다. 더
이상 영이신 하나님과 교통할 수 없으니 영의 지식을 하나하나 잃어
버리고 그 자리에 비진리가 들어왔습니다. 그리하여 사람의 마음이
진리의 마음과 비진리의 마음으로 나뉜 것입니다.

세월이 흐르면서 진리와 비진리의 마음 외에 또 다른 한 가지의
마음이 생겨나는데, 바로 양심입니다. 양심의 기본이 되는 것은 본성
입니다. 본성이란 각 사람이 갖고 있는 마음의 근본된 성질을 말합
니다. 이는 사람의 기를 통해 그 자녀와 후손에게 전달되며 자라는
환경에 따라 변하기도 합니다. 즉 악한 환경 속에 자라면 본성이 악
해지며 반대로 선한 환경 속에 자라면 선해질 수 있지요. 이러한 본
성을 바탕으로 사람마다 옳고 그름을 판단하는 기준을 갖게 되는
데, 이것을 양심이라고 합니다.

그래서 똑같은 현상을 보고도 각자의 양심에 비추어 어떤 사람
은 "저것은 악이다"라고 말하고, 어떤 사람은 "저것은 선이다" 혹은
"선한 편에 속한다"라고 말하기도 합니다. 이처럼 양심은 각기 다르

며 세대와 지역에 따라 달라지기도 하므로 선악을 분별하는 온전한 기준이 될 수 없습니다. 오직 선과 진리 자체이신 하나님 말씀만이 절대적인 기준이 되는 것입니다.

성령으로 영을 낳으며 영의 사람으로 변화되어

첫 사람 아담이 범죄함으로 전혀 활동하지 못하고 죽은 것처럼 있던 생명의 씨는 예수 그리스도를 믿음으로 하나님이 주신 선물, 곧 보혜사 성령의 거대한 힘과 결합하면 다시 활동하기 시작합니다. 우리가 예배드리며 말씀을 깨닫고 기도하는 만큼 하나님의 은혜와 강한 능력이 임하여 성령의 소욕을 좇을 수 있고, 비진리의 마음과 자기 본성을 이기며 결국 영의 마음으로 변화되지요.

이러한 과정에서 마음 안에 비진리가 빠져 나가고 자꾸 영으로 채워져 다시 진리의 마음으로 바뀌는 만큼 마음과 영은 하나가 되며, 마음을 전부 영의 지식으로 채우면 첫 사람 아담과 같이 마음 자체가 곧 영이라 할 수 있습니다.

그러나 신앙생활을 열심히 하는 것 같아도 기도하지 않는 사람은 자기 본성대로 행함으로 영을 낳을 수 없기 때문에 여전히 육의 사람입니다. 또한 아무리 기도를 많이 해도 내 생각과 이론을 깨뜨리지 않으면 성령의 소욕을 좇을 수 없으니 영의 사람으로 변화하지 못합니다. 성령께서는 마음 안에 있는 선과 진리를 주관하여 자꾸 성령의 소욕을 좇도록 역사하지만, 아직 비진리가 남아 있는 만큼 사단은 자꾸 비진리를 주관하여 육체의 소욕을 좇아 멸망의 길로 가도록 인도합니다.

그러므로 고린도후서 10장 5절에 "모든 이론을 파하며 하나님 아는 것을 대적하여 높아진 것을 다 파하고 모든 생각을 사로잡아 그리스도에게 복종케 하니" 하신 대로 명백한 비진리는 물론, 스스로 양심을 좇아 옳다고 생각한 것까지 다 깨뜨려야 합니다. 그리고 하나님 말씀에 오직 '아멘'으로 순종하여 성령의 소욕을 좇아갈 때 진리의 마음으로 변화하여 온전히 성결한 영의 사람이 되는 것입니다.

주님과 하나 되면 무엇이든 구하는 대로 응답받아

이렇게 성령으로 영을 낳아 진리와 반대가 되는 비진리를 버리고 '자기 의'를 깨뜨려 진리의 마음 자체가 되면 주님과 하나 됩니다. 남자와 여자가 한 몸을 이루면 정자와 난자의 결합으로 자녀를 낳듯이, 우리도 세상에서 나와 신랑 되는 예수 그리스도를 영접함으로써 한 몸을 이루면 성령으로 영을 낳으며 믿음의 씨로 말미암아 하나님의 자녀 된 축복을 마음껏 받습니다.

로마서 12장 3절 말씀처럼 믿음에도 분량이 있어서 믿음대로 응답을 받는데, 요한일서 2장 12절 이하를 보면 믿음의 성숙 단계를 사람의 성장 과정에 비유한 내용이 나옵니다.

처음에 예수 그리스도를 영접하여 성령을 받아 구원에 이른 상태를 '자녀들의 믿음'(요일 2:12)이라고 하며, 열심히 진리대로 행하려고 노력하는 단계를 '아이들의 믿음'이라 합니다(요일 2:14). 여기서 더 성장하여 말씀대로 행해 나가는 단계를 '청년들의 믿음'이라 하며, 더 성장하여 장성한 믿음의 분량이 되면 '아비들의 믿음'이라 하지요(요일 2:13). 구약의 욥기를 보면 연단으로써 본성 속의 악을 깨달은 욥이 철저히 자기 의를 깨뜨리고 하나님 앞에 의롭게 변화하니 하나님께서 갑절의 축복을 주십니다.

이처럼 자기 의를 깨뜨리고 주님과 하나 되는 아비들의 믿음 차원에 들어가면 하나님의 자녀 된 축복을 마음껏 받습니다. 요한일서 3장 21, 22절에 "사랑하는 자들아 만일 우리 마음이 우리를 책망할 것이 없으면 하나님 앞에서 담대함을 얻고 무엇이든지 구하는 바를 그에게 받나니 이는 우리가 그의 계명들을 지키고 그 앞에서 기뻐하시는 것을 행함이라" 약속하셨기 때문이지요.

하나님의 자녀 된 권세와 축복을 마음껏 누릴 수 있어

영으로 일군 만큼 우리는 영이신 예수 그리스도와 하나 됩니다. 또한 하나님의 의를 이룬 만큼 하나님과도 하나 되는 축복이 임합니다. 그래서 예수님께서는 요한복음 15장 7절에 "너희가 내 안에 거하고 내 말이 너희 안에 거하면 무엇이든지 원하는 대로 구하라 그리하면 이루리라" 약속하셨고, 요한복음 17장 21절에는 "아버지께서 내 안에, 내가 아버지 안에 있는 것같이 저희도 다 하나가 되어 우리 안에 있게 하사 세상으로 아버지께서 나를 보내신 것을 믿게 하옵소서"라고 기도한 것입니다.

원수 마귀가 주관하는 세상에서 벗어나 예수 그리스도를 영접하여 믿음으로 주님과 온전히 하나 되면 아버지 하나님과도 하나 됩니다. 그래서 갈라디아서 4장 4~7절에 "때가 차매 하나님이 그 아들을 보내사 여자에게서 나게 하시고 율법 아래 나게 하신 것은 율법 아래 있는 자들을 속량하시고 우리로 아들의 명분을 얻게 하려 하심이라 … 그러므로 네가 이후로는 종이 아니요 아들이니 아들이면 하나님으로 말미암아 유업을 이을 자나라" 하신 것입니다.

대부분의 사람이 자녀에게 가산을 물려주듯 우리가 예수 그리스도를 영접하여 하나님 자녀가 되면 하나님 나라를 유업으로 받습니다. 마귀의 자녀는 마귀로부터 지옥을 유업으로 받지만, 믿음으로 하나님 자녀가 되면 하나님에게서 천국을 유업으로 받습니다.

여기서 우리가 명심해야 할 것은 천국은 비진리가 없고 깨끗한 곳이기 때문에 성령으로 영을 일구지 못한 사람은 자연히 지옥으로 떨어질 수밖에 없다는 점, 또한 우리가 영혼이 잘되어 하나님과 하

나 된 만큼 천국에서도 하나님의 보좌 가까이 있는 영광을 누린다
는 점입니다. 그러므로 신랑 되시는 예수 그리스도를 영접하여 영생
의 축복을 받는 한편, 부지런히 비진리를 벗어 버리고 자기의 의를
깨뜨려야 합니다. 그리하여 온전히 영으로 일구어 주님과 하나 되
고 아버지 하나님과 하나 되어 마음껏 영광 돌리는 복된 삶을 영
위하기 바랍니다.

2 믿는다면서도 구원받지 못하는 경우

예수 그리스도는 우리와 믿음으로 결합하여 영생의 길로 갈 수
있도록 인도하며 영생복락을 주시는 참된 신랑입니다. 따라서 우
리가 신랑 되신 예수 그리스도의 마음을 닮아 온전한 믿음을 소유
하면 천국의 기업을 받을 뿐 아니라 그곳에서 해처럼 빛나는 자리에
들어갑니다.

그런데 성경에 보면 예수 그리스도를 믿는다면서도 구원받지 못
하는 경우가 있습니다. 마태복음 25장을 보면 열 처녀의 비유가 나
오는데, 기름을 준비한 슬기로운 다섯 처녀는 구원받지만 그렇지
못한 미련한 다섯 처녀는 구원받지 못하지요. 이처럼 하나님께서는
믿는 사람 가운데에도 구원받을 수 있는 경우와 그렇지 못한 경우
를 성경 곳곳에 기록해 놓음으로써 우리가 어떻게 신앙생활을 해야

구원에 이르는지 분명히 알려 주십니다.

> "나더러 주여 주여 하는 자마다 천국에 다 들어갈 것이 아니요
> 다만 하늘에 계신 내 아버지의 뜻대로 행하는 자라야
> 들어가리라"(마 7:21)

예수님을 향하여 "주여, 주여" 한다는 것은 곧 예수님이 구세주임을 믿는다는 고백입니다. 그러나 이렇게 주의 이름을 부르며 교회에 왔다갔다한다고 해서 천국에 다 들어가는 것이 아닙니다.

불법을 행하는 자는 구원받지 못해

마태복음 13장 40~42절을 보면 "그런즉 가라지를 거두어 불에 사르는 것같이 세상 끝에도 그러하리라 인자가 그 천사들을 보내리니 저희가 그 나라에서 모두 넘어지게 하는 것과 또 불법을 행하는 자들을 거두어 내어 풀무불에 던져 넣으리니 거기서 울며 이를 갊이 있으리라" 하셨습니다.

농부가 추수 때에 알곡은 창고에 들이지만 가라지는 불에 살라 버리는 것처럼 심판 때에도 하나님 보시기에 합당치 않은 사람들은 무서운 형벌을 면치 못합니다. 여기서 '그 나라에서 모든 넘어지게 하는 것'이란, 하나님을 믿노라 하면서 믿음의 형제들을 유혹하여

믿음에서 떠나게 하는 것을 말합니다.

　이같이 다른 사람을 실족하게 하는 사람들과 불법을 행하는 사람들은 구원받지 못함을 알려 주셨는데 과연 불법이란 무엇을 의미할까요? 요한일서 3장 4절에 "죄를 짓는 자마다 불법을 행하나니 죄는 불법이라" 말씀했습니다.

　각 나라마다 법이 있어 이 법을 어길 경우 법대로 처리되듯 하나님의 나라에도 영계의 법이 있습니다. 영계의 법은 영의 세계의 주인인 하나님의 법으로서, 곧 성경 66권에 기록된 모든 하나님 말씀입니다. 따라서 성경에 기록된 하나님 말씀을 위배하는 것이 곧 불법이고, 죄입니다.

　하나님 말씀은 크게 네 가지로 구분할 수 있는데 '하라, 하지 말라, 지키라, 버리라'입니다. 하나님께서는 빛이므로 자녀가 빛 가운데 살도록 좋은 것은 '하라', 나쁜 것은 '하지 말라'고 하셨으며, 하나님의 자녀로서 지켜야 할 의무는 '지키라', 하나님께서 싫어하시는 것은 '버리라'고 하신 것입니다.

　신명기 10장 13절에 "내가 오늘날 네 행복을 위하여 네게 명하는 여호와의 명령과 규례를 지킬 것이 아니냐" 하신 대로, 우리가 하나님 말씀대로 하면 축복을 받아 누리지만, 알면서도 행치 않으면 그것이 곧 불법이고 죄가 되며 그 결과는 영원한 사망입니다.

그래서 갈라디아서 5장 19~21절을 보면 "육체의 일은 현저하니 곧 음행과 더러운 것과 호색과 우상 숭배와 술수와 원수를 맺는 것과 분쟁과 시기와 분냄과 당 짓는 것과 분리함과 이단과 투기와 술취함과 방탕함과 또 그와 같은 것들이라 전에 너희에게 경계한 것같이 경계하노니 이런 일을 하는 자들은 하나님의 나라를 유업으로 받지 못할 것이요" 하신 것입니다.

여기서 음행이란 결혼 전에 합법적인 부부가 되지 않은 상태에서 육체관계를 갖는 것이나 정조를 지키지 않는 모든 부정한 것을 말하며, 더러운 것이란 온갖 죄성이 도를 넘어 보통 사람으로서는 이해할 수 없을 만큼 난잡하게 이루어지는 행위를 말합니다.

그리고 호색이란 생활 태도 전부가 음란을 좇으며 그런 생각과 말과 행동으로 살아가는 것입니다. 우상 숭배란 금, 은, 동 등의 물질로 우상을 만들거나 하나님 외에 어떤 대상을 신처럼 숭배하는 것을 말하며, 나아가 하나님보다 더 사랑하는 모든 것을 말합니다.

술수란 교묘한 거짓으로 속여서 상대를 꾀는 것을 말하며, 원수 맺는 것이란 상대에게 원한을 품고 상대방이 극단적으로 파멸되기 원하는 것, 즉 사랑과 정반대되는 것을 말합니다.

또한 분쟁이란 자기 이익과 권세를 우선시하여 이를 얻으려고 다투는 행위를, 시기란 자신이 남보다 못하다고 느낄 때 질투하여 상대를 멀리하고 미워하는 것을, 분냄이란 단순히 화를 내는 차원이 아니라 심하게 분을 냄으로 상대에게 피해를 주는 등의 행위를 말합니다.

당 짓는 것이란 자신의 마음에 맞지 않는다고 하나로 뭉치지 않으며 사단의 역사를 좇아 파를 만들고 그룹을 형성하는 것이며, 분리함이란 성령의 주관이 아닌 자신의 생각을 좇아 당을 만들어 떨어져 나가는 것을 말합니다. 또한 이단이란 삼위일체 하나님을 부인하여 예수 그리스도께서 하나님의 아들임과 보혈을 흘려 우리를 구속한 그리스도임과 육체로 오심을 부인하는 사람들입니다.

그리고 투기란 시기나 질투 등이 발전해서 상대에게 해를 가하거나 제재하는 것을 말하며, 술 취함이란 말 그대로 술을 마시는 행위를 의미하고, 방탕함은 무절제하고 방종한 생활로 술에 취하는 것뿐 아니라 남편이나 아내가 그 책임을 다하지 못하거나 부모로서 자녀를 잘 돌보지 못하는 것을 말합니다. 또한 '그와 같은 것들'이란 이와 유사한 육체의 일이 많이 있음을 알려 주는 말씀인데, 이처럼 육체의 일을 행하면 하나님 나라를 유업으로 받지 못합니다.

사망에 이르는 죄와 사망에 이르지 않는 죄

세상에서는 결과가 외관상으로 나타나고 상대에게 피해를 준 증거가 확실한 경우 죄라고 규정합니다. 그러나 빛이신 하나님께서는 이렇게 행함으로 나타난 '육체의 일'뿐만 아니라 빛과 반대되는 모든 어둠을 죄라고 하십니다. 즉 행함으로 나타내지는 않았다 해도 마음에 품는 미움, 시기, 질투, 간음은 물론 속으로 상대를 판단, 정죄하는 것, 무정함과 거짓된 마음 등 모든 육신의 일이 악이며 죄인 것입니다.

그래서 하나님께서는 "여자를 보고 음욕을 품는 자마다 마음에 이미 간음하였느니라"(마 5:28) 말씀했고, "형제를 미워하는 자마다 살인하는 자"(요일 3:15)라고 하셨습니다. 또한 로마서 14장 23절을 보면 "믿음으로 좇아 하지 아니하는 모든 것이 죄니라" 했고, 야고보서 4장 17절에는 "이러므로 사람이 선을 행할 줄 알고도 행치 아니하면 죄니라" 하셨지요.

그렇다면 이러한 죄를 범한 경우 모두 사망에 이르는 것일까요? 여기서 우리가 알아야 할 것은, 거짓말하는 사람이 거짓말하지 않고 진실한 사람이 되려고 기도하고 노력하며 변화해 나가는 것이 신앙생활이자 믿음이라는 사실입니다. 그러니 설령 내가 아직 믿음이 연약해 거짓말을 온전히 벗어 버리지 못했다 해도 그것 때문에 구원받지 못하는 것은 아닙니다.

요한일서 5장 16, 17절을 보면 "누구든지 형제가 사망에 이르지 아니한 죄 범하는 것을 보거든 구하라 그러면 사망에 이르지 아니하는 범죄자들을 위하여 저에게 생명을 주시리라 … 모든 불의가 죄로되 사망에 이르지 아니하는 죄도 있도다" 하셨습니다.

그러므로 죄는 크게 사망에 이르지 않는 죄와 사망에 이르는 죄로 나눌 수 있습니다. 사망에 이르지 않는 죄를 범한 사람은 사랑으로 열심히 권면하고 기도해 주면 회개하여 구원에 이를 수 있지만, 사망에 이르는 죄를 범한 경우에는 기도해 주어도 구원받을 수 없습니다.

세상에서는 정직하다고 말하는 사람도 자기의 이익을 위해 때로 거짓말하는가 하면, 남을 직접 해롭게 하지는 않는다 해도 얼마나 많은 거짓을 행하면서 살아가는지요. 우리가 하나님을 알기 전에는 아무리 의롭게 살았다고 자처해도 예수 그리스도를 영접하고 진리를 깨달으면 자신이 죄인이었음을 인정하게 됩니다. 하나님께서는 행함으로 나타난 육체의 일만이 아니라 마음에 품은 악한 생각까지도 죄라고 하시기 때문입니다.

모든 불의가 죄이며 죄의 삯은 사망입니다. 그런데 예수님께서 십자가의 보혈을 흘려 우리의 과거와 현재와 미래의 모든 죄를 용서해 주셨습니다. 이렇게 예수님의 보혈의 공로로 우리가 회개하고 돌이킬 때 용서받을 수 있는 죄를 '사망에 이르지 않는 죄'라 합니다. 그런데 만일 돌이키지 않고 계속해서 죄를 범한다면 양심이 무뎌질 수밖에 없고, 이때 용서받지 못할 죄, 곧 사망에 이르는 죄를 범하면 더 이상 회개의 영을 부어 주시지 않으므로 회개하려고 해도 그리할 수 없고 용서받을 수도 없습니다.

사망에 이르는 죄를 범하면 구원받지 못해

사망에 이르는 죄는 크게 세 가지로 나눌 수 있습니다. 먼저, 성령을 훼방하거나 거역하고 모독하는 경우입니다.

> "그러므로 내가 너희에게 이르노니
> 사람의 모든 죄와 훼방은 사하심을 얻되
> 성령을 훼방하는 것은 사하심을 얻지 못하겠고
> 또 누구든지 말로 인자를 거역하면 사하심을 얻되
> 누구든지 말로 성령을 거역하면 이 세상과 오는 세상에도
> 사하심을 얻지 못하리라"(마 12:31, 32)

'훼방'이란 남을 헐뜯어 비방하거나 어떠한 일을 방해하여 이루지 못하게 막는 것입니다. 그러니 '성령 훼방'이란 자기 마음대로 판단하여 하나님 일이 이루어지지 못하도록 성령의 역사를 가로막는 경우를 말합니다. 즉 성령의 역사인데도 자기 생각에 맞지 않으므로 악을 가지고 하나님 일에 훼방을 놓는 경우입니다.

예를 들면, 성령의 역사가 일어나는 곳을 이단이라 정죄하여 유언

비어를 퍼뜨리거나 거짓 문서를 조작하여 집회를 방해하는 것 등이 이에 속합니다. 물론 진리의 영이 아닌 다른 영을 받게 하거나 하나님 보시기에 정말 '이단'이라면 우리는 그리스도의 복음에 입각하여 엄히 경계하고 용납하지 말아야 할 것입니다. 디도서 3장 10절을 보면 "이단에 속한 사람을 한두 번 훈계한 후에 멀리하라" 말씀했기 때문입니다.

그러나 이단이 아닌데도 섣불리 '이단'이라고 정죄하여 성령의 역사를 가로막는다면 이는 성령 훼방이며 하나님 앞에 용서받을 수 없는 큰 죄를 짓는 것이니 우리는 진리 말씀에 입각하여 영을 분별할 수 있어야 합니다.

오늘날 많은 사람이 영을 제대로 분별하지 못해 삼위일체 하나님을 인정하며 성령의 역사가 나타나는 교회를 이단이라 정죄하거나 나아가 여러 방법을 동원하여 핍박하는 경우를 종종 볼 수 있습니다. 하나님을 믿는다면서도 이단에 대한 성경적인 지식이 없거나 이단의 정의조차 모르기 때문이지요. 이처럼 잘 몰라서 훼방하는 경우에는 돌이켜 회개하면 용서를 받을 수 있으나 알면서도 시기 질투하며 악 속에서 훼방한다면 결코 용서받지 못하는 것입니다.

성경에서도 이러한 예를 찾아볼 수 있습니다. 마가복음 3장을 보면 예수님께서 인간이 행할 수 없는 놀라운 표적을 나타내시자 이를 시기 질투하던 악한 무리가 예수님이 미쳤다고 나쁜 소문을 냈습니다. 얼마나 소문이 널리 퍼졌는지 친족들이 듣고 예수님을 붙들러 왔을 정도였지요.

그런가 하면 서기관들과 바리새인들은 예수님을 '바알세불을 지폈다, 귀신의 왕을 힘입어 귀신을 쫓아낸다'고 비난하였습니다. 이들은 하나님 말씀에 정통한 사람들로서 율법을 잘 알고 가르치는 사람들이었지만 예수님을 시기 질투하여 오히려 하나님 역사를 훼방한 것입니다.

또한 '거역'이란 윗사람의 뜻이나 명령을 어기어 스스로 거스르는 것입니다. '성령 거역'이란 하나님께서 주신 성령의 음성을 거역하거나 성령의 역사를 임의로 판단 정죄하여 교단에 알리고 축출하는 등 상대를 해롭게 하는 경우 및 이와 유사한 일을 말합니다.

그러면 '누구든지 말로 인자를 거역하면 사하심을 얻는다'는 것은 무슨 뜻일까요? 여기서 인자란, 아직 십자가를 지기 이전에 사람으로 오신 예수님을 칭합니다.

따라서 인자를 거역한다는 것은, 하나님의 독생자로서 육신을 입고 이 땅에 온 예수님을 단지 사람으로만 알고 거역하는 것을 의미합니다. 이는 예수님이 구세주임을 깨닫지 못하는 무지에서 비롯된 죄이기 때문에 회개하고 돌이켜 주님을 영접하면 용서받고 구원받을 수 있다는 말씀이지요.

오늘날에도 진리를 모르거나 아직 성령이 임하지 않았을 때에 이러한 죄를 범하면 하나님께서도 회개하여 용서받을 수 있도록 끝까지 기회를 주십니다. 그러나 만일 예수 그리스도가 누구인지 알면서도 주님을 훼방하고 거역한다면 이는 성령을 거역하고 훼방하는 것과 같으므로 결코 용서를 얻지 못합니다.

성령 훼방과 성령 거역은 의미가 비슷하지만 굳이 구분하자면 육신의 일과 육체의 일의 차이점에 비유할 수 있습니다. 육신의 일이 아직 하지는 않았으나 행함으로 유발될 수 있는 비진리의 속성이라면, 육체의 일이란 육신의 일이 구체적인 행함으로 나타난 것을 말합니다.

마찬가지로 성령 훼방이 하나님 일이 이루어지지 못하도록 성령의 역사를 막는 것이라면, 성령 거역이란 이미 성령의 역사로 이루어진 일을 적극적으로 궤사를 꾸며 거역하고 상대를 해롭게 하는 행위를 말합니다. 따라서 육신의 일이 발전하면 육체의 일로 나오듯이 성령을 훼방하는 사람은 곧 성령을 거역하는 행동을 보입니다. 다음으로 성령 모독이란 구체적으로 무엇을 의미하는지 알아보겠습니다.

"누구든지 말로 인자를 거역하면 사하심을 받으려니와

성령을 모독하는 자는 사하심을 받지 못하리라"(눅 12:10)

'모독'이란 신성한 것이나 존엄한 것, 청정한 것 등을 욕되게 하는 것입니다. '성령 모독'이란 하나님의 영인 성령을 욕되게 하거나 그 신성을 모독하는 것을 말합니다.

만일 성령의 역사를 사단의 역사라고 비방하거나 성령의 역사가 아닌 것을 성령의 역사라고 한다면 이는 하나님의 영원한 능력과 신성을 욕되게 하는 죄가 됩니다. 또한 진리를 비진리라고 거짓으로 전하거나 사실을 사실이 아닌 것으로 말하는 등 참을 거짓으로 몰아붙이는 경우도 성령을 모독하는 것이지요.

옛날에는 임금을 모욕하는 말이나 행동이 발각되었을 때에는 대역 죄인이라 해서 죽음을 면치 못했습니다. 더구나 이 땅의 임금과 비교할 수 없는 하나님의 거룩한 성품인 신성을 모독하는 것은, 곧 하나님을 모독하는 것이기 때문에 결코 용서될 수 없습니다.

근본 하나님의 본체로 말씀이 육신을 입고 이 땅에 오신 예수님께서도 아무도 정죄하지 않았는데 하물며 우리가 형제 자매를 함부로 판단 정죄하며 나아가 성령께서 하시는 일까지 모독한다면 얼마나 큰 죄가 되겠습니까? 하나님을 경외하고 두려워한다면 결코 성령을 훼방하거나 거역, 모독할 수 없는 것입니다.

그러므로 이러한 죄들은 이 세상뿐 아니라 공의와 사랑의 하나님 나라가 도래할지라도 영원히 용서받을 수 없는 큰 죄임을 알아서 결코 범하는 일이 없어야 합니다. 만일 과거에 잘 알지 못하고 성령을 훼방하거나 거역, 모독했다면 지금이라도 철저히 통회 자복하여 하나님의 긍휼을 입어야 할 것입니다.

이어서 사망에 이르는 죄는 히브리서 6장에 나오는 것처럼 주님을 십자가에 못 박아 현저히 욕을 보인 경우입니다.

"한번 비침을 얻고 하늘의 은사를 맛보고

성령에 참예한 바 되고 하나님의 선한 말씀과

내세의 능력을 맛보고 타락한 자들은

다시 새롭게 하여 회개케 할 수 없나니

이는 자기가 하나님의 아들을 다시 십자가에 못 박아

현저히 욕을 보임이라"(히 6:4~6)

주님을 십자가에 못 박아 현저히 욕보인다는 것은, 성령을 받은 후 천국과 지옥이 있음을 알고 진리의 말씀을 들어서 알고 믿으면서도 세상의 유혹을 받아 교회와 하나님을 떠나 타락하여 뚜렷하게 하나님 영광을 가리는 것을 말합니다.

이러한 경우, 사단의 역사를 받아 갖가지 죄를 짓는 것은 물론, 하나님까지 부정하며 교회와 믿는 사람들을 몹시 핍박하고 욕하는 것을 볼 수 있습니다. 이미 그 양심을 원수 마귀 사단에게 넘겨주었으므로 돌이킬 수 없는 어둠으로 가득 차 있는 것이지요. 그러므로 완악한 마음으로 인해 회개할 생각도 일어나지 않으며 회개의 영이 임하지 않아 그 기회조차 주어지지 않으니 죄를 용서받을 수 없는 것입니다.

가룟 유다가 여기에 해당되지요. 그는 예수님의 제자로 따라다니며 많은 기사와 표적을 보았으나 물질의 욕심이 생겨 스승인 예수님을 은 삼십에 팔아 넘겼습니다. 뒷날 양심의 가책을 받아 돈을 되돌려 주며 후회했지만 회개의 영이 임하지 않으므로 죄를 용서받지 못하고 견디지 못하여 결국 자살하고 만 것입니다(마 27:3~5). 마지막으로, 사망에 이르는 죄는 히브리서 10장에 나오는 것처럼 진리를 아는 지식을 받은 후 짐짓 죄를 범하는 경우입니다.

"우리가 진리를 아는 지식을 받은 후
　짐짓 죄를 범한즉 다시 속죄하는 제사가 없고
　오직 무서운 마음으로 심판을 기다리는 것과
　대적하는 자를 소멸할 맹렬한 불만 있으리라"(히 10:26, 27)

'진리를 아는 지식을 받은 후 짐짓 죄를 범한다'는 것은 하나님께서 용서치 않으시는 불법을 고의로 행하는 경우, 또는 개가 그

토하였던 것에 돌아가고 돼지가 씻었다가 더러운 구덩이에 도로 눕듯이 죄인 줄 알면서도 계속 죄를 지어 가는 경우를 말합니다(벧후 2:22).

다윗은 어려서부터 하나님을 경외하였고 하나님께 사랑받는 사람이었습니다. 그런데 그가 아직 버리지 못한 안목의 정욕으로 인해 우리아의 아내 밧세바를 취하고 우리아를 전쟁터에서 이방인의 손에 죽게 만들었습니다. 이에 하나님께서 나단 선지자를 보내 죄를 지적하자 다윗 왕은 즉시 회개하고 돌이킵니다.

하지만 사울 왕은 사무엘 선지자가 죄를 지적했는데도 계속 죄를 지었습니다. 그 결과 다윗 왕은 다시 하나님의 축복을 받을 수 있었지만 사울 왕은 회개하지 않고 계속 죄를 범함으로써 하나님께 버림을 받지요. 또한 발람은 하나님 뜻을 알면서도 재물과 명예 때문에 한 번, 두 번 세상과 타협하다 결국 비참한 최후를 자초했습니다.

이렇게 하나님을 믿는다면서도 짐짓 죄를 짓는 사람들은 하나님께서 외면해 버리기 때문에 성령이 소멸할 수밖에 없고 믿음까지도 사라지니 자연히 원수 마귀에게 사로잡혀 악과 불의를 행하는 것입니다. 그리고 성령이 소멸하여 회개할 수도 없으니 결국 그 이름이 생명책에서 흐려져 구원받지 못합니다(계 3:5).

물론 하나님을 단지 지식으로만 알았을 뿐 진정 마음으로 믿지는 않은 사람일 경우에는 하나님께서 역사하여 믿음을 갖게 되면 구원의 길로 인도될 수 있습니다. 설령 교회에 다니다가 세상을 향해 떠났다 해도 다시 전도되어 회개하고 돌이켜서 새롭게 은혜를 받을 수 있는 것입니다. 그러나 성령에 참예한 바 되고 천국과 지옥이 있음을 분명히 믿고 하나님 은혜를 많이 체험한 사람이 계속 육체의 일을 해 나간다면 아무리 "주여, 주여" 외친다 해도 짐짓 불법을 행한 것이니 구원에 이를 수 없음을 분명히 알아야 하겠습니다. 또한 사망에 이르지 않는 죄라도 모든 죄는 불법이고, 어둠이며 하나님께서 미워하는 것임을 깨우쳐 사소한 죄라도 용납하지 않는 지혜로운 성도가 되어야 할 것입니다.

3 인자의 살을 먹고 피를 마셔야 영생

사람이 이 땅에서 생명을 유지하며 건강하게 살아가기 위해서는 적당한 음식을 섭취해야 하듯 우리가 영적 생명을 유지하여 영생을 얻기 위해서는 인자의 살과 피를 먹고 마셔야 합니다.

여기서 인자의 살과 피란 무엇이며, 어떻게 먹고 마시는 것인지, 또한 왜 인자의 살과 피를 먹고 마셔야만 우리가 영생할 수 있는 것인지 요한복음 6장 53~55절을 중심으로 알아보겠습니다.

"예수께서 이르시되

내가 진실로 진실로 너희에게 이르노니

인자의 살을 먹지 아니하고

인자의 피를 마시지 아니하면

너희 속에 생명이 없느니라

내 살을 먹고 내 피를 마시는 자는 영생을 가졌고

마지막 날에 내가 그를 다시 살리리니

내 살은 참된 양식이요 내 피는 참된 음료로다"

'인자의 살'이란 무엇인가?

성경을 보면 예수님께서는 많은 비유로써 천국의 비밀과 하나님의 뜻을 알려 주셨습니다. 3차원에 사는 사람들이 4차원 이상의 세계에 계시는 하나님 뜻을 이해하고 깨닫는 것이 쉽지 않기 때문에 무생물이나 동식물, 또는 이 땅의 삶을 들어 설명한 것입니다.

그래서 하나님의 독생자인 예수님에 관하여 설명을 하면서도 반석이나 뜬 돌, 샛별 등 무차원의 것에 비유하기도 하고, 1차원의 식물인 포도나무, 2차원의 동물인 어린 양, 3차원의 사람인 인자 등으로 비유한 것입니다.

예수님을 인자라 일컬었으니 인자의 살은 곧 예수님의 살임을 알 수 있습니다. 그런데 요한복음 1장 1절을 보면 "태초에 말씀이 계시니라 이 말씀이 하나님과 함께 계셨으니 이 말씀은 곧 하나님이시니라" 했고, 요한복음 1장 14절에는 "말씀이 육신이 되어 우리 가운데 거하시매 우리가 그 영광을 보니 아버지의 독생자의 영광이요 은혜와 진리가 충만하더라" 했습니다. 즉 예수님께서는 하나님 말씀으로서 육신을 입고 이 땅에 오신 분이라는 것입니다.

따라서 인자의 살이란 진리 자체인 하나님 말씀을 의미하고 인자의 살을 먹는다는 것은 성경 66권에 기록된 하나님 말씀을 양식 삼는다는 뜻입니다.

인자의 살을 먹는 방법

출애굽기 12장 5절 이하에는 예수님을 '어린 양'에 비유하는데, "너희 어린 양은 흠 없고 일 년 된 수컷으로 하되 양이나 염소 중에서 취하고 이달 십사 일까지 간직하였다가 해 질 때에 이스라엘 회중이 그 양을 잡고 그 피로 양을 먹을 집 문 좌우 설주와 인방에 바르고" 하셨습니다.

일반적으로 하나님을 믿는 성도들을 양이라고 표현하므로 어린 양은 초신자를 뜻하는 줄로 오해하는 경우가 있습니다. 그러나 성경을 상고해 보면 어린 양은 바로 예수님을 지칭하는 표현임을 쉽게 알 수 있습니다.

요한복음 1장 29절을 보면 세례 요한이 예수님께서 자기에게로 나아오심을 보고 "보라 세상 죄를 지고 가는 하나님의 어린 양이로다" 했으며, 베드로전서 1장 19절에는 "오직 흠 없고 점 없는 어린 양 같은 그리스도의 보배로운 피"라고 했습니다. 그 외에도 예수님을 어린 양에 비유하는 표현이 자주 나오지요.

그러면 성경은 왜 예수님을 어린 양에 비유할까요? 양은 짐승 중에 가장 순하고 온유하며 악이 없습니다. 또한 목자의 음성을 알고 그 음성에 그대로 순종합니다. 아무리 다른 사람이 주인의 목소리를 흉내 내어 속이려고 해도 정확하게 음성을 구분합니다. 뿐만 아니라 희고 부드러운 털, 젖과 고기 등 몸 전체를 사람에게 제공합니다.

양이 사람을 위하여 자기의 모든 것을 희생하는 것처럼, 예수님께서도 하나님 뜻이라면 오직 '아멘'과 '예'로 온전히 순종했으며 우리를 위해 모든 것을 희생하셨습니다. 온 인류의 죄를 대속하기 위해 근본 하나님의 본체이나 낮고 천한 사람의 형상을 입고 이 땅에 오셔서 오직 천국 복음을 전파하고 갖가지 병과 약한 것을 고쳐 주었을 뿐만 아니라 우리의 죄를 위해 십자가에 죽기까지 모든 것을 다 내주셨지요. 이와 같이 예수님의 성품이나 행함이 순한 양과 같기 때문에 어린 양에 비유한 것이고, 어린 양을 먹는다는 것은 예수님의 살 곧 인자의 살을 먹는다는 의미입니다.

날로나 물에 삶아 먹지 말고 불에 구워 먹어야

그런데 인자의 살을 어떻게 먹어야 할까요? 출애굽기 12장 9, 10절에 기록된 어린 양을 먹는 방법에 준하여 알아보겠습니다.

> "날로나 물에 삶아서나 먹지 말고
>
> 그 머리와 정강이와 내장을 다 불에 구워 먹고
>
> 아침까지 남겨 두지 말며 아침까지 남은 것은 곧 소화하라"

먼저, 인자의 살을 날로 먹지 말라는 것은 무슨 뜻일까요?

사람이 고기를 날로 먹으면 배탈이 나고 병균이 침투해서 자칫 병에 걸릴 수 있기 때문에 가급적 그렇게 먹지 않는 것이 좋습니다. 이와 마찬가지로 하나님 말씀을 날로 먹으면 잘못 이해하여 사망의 길로 갈 수 있기 때문에 날로 먹지 말라고 가르치는 것입니다.

하나님 말씀은 성령의 감동으로 쓴 것이기 때문에 성령의 감동 가운데 읽고 양식 삼아야 합니다. 만일 하나님 말씀을 문자 그대로 읽고 해석하여 양식 삼는다면 어떻게 될까요? 하나님의 마음을 알 수 없을 뿐 아니라 잘못 이해하는 경우가 생기게 됩니다. 따라서 하나님 말씀을 날로 먹지 말라는 것은 문자적으로 읽고 양식 삼지 말라는 뜻입니다.

요한복음 1장 1절에 말씀은 곧 하나님이라 했으니 하나님의 마음과 뜻이 담긴 성경 말씀 또한 살아 계신 하나님과 똑같으며, 이 말씀대로 모든 것이 이루어집니다. 또한 천국 가는 길이 하나님 말씀 안에 담겨 있기 때문에 우리가 영생의 길로 가기 위해서는 하나님 말씀을 알아야 합니다.

그런데 하나님께서는 영이시므로 육을 가진 사람으로서는 영의 세계를 볼 수도, 알 수도 없습니다. 마치 매미가 아직 땅속의 굼벵이로 있을 때에는 하늘이 있는지도 모르고, 병아리가 계란으로 있을 때에는 바깥세상을 모르는 이치와 같지요. 우리가 육적인 틀에 매인 이상 우리의 눈이 육으로 가려 있기 때문에 육의 차원 외에는 알 수 없습니다.

그러므로 하나님께서는 성경을 통해 우리가 사는 3차원의 세계가 아닌 4차원 이상의 영의 세계가 있음을 알려 주시는 것입니다. 병아리가 껍질을 깨고 나오듯 육이라는 틀을 깨뜨려야 영의 세계를 알게 되며 그 안에 들어갈 수 있습니다.

예컨대, 마태복음 6장 6절을 보면 "너는 기도할 때에 네 골방에 들어가 문을 닫고 은밀한 중에 계신 네 아버지께 기도하라" 하셨습니다. 만약 이 말씀을 문자 그대로 해석한다면 우리는 기도할 때마다 골방에 들어가야 할 것입니다. 그러나 성경 어디에도 믿음의 선진이 골방에 들어가 기도했다는 기록은 찾아볼 수 없습니다.

예수님께서도 골방에 들어가서 기도한 것이 아니라 동산에서 밤이 다하도록 기도하고(눅 6:12), 날이 밝기 전에 일어나 한적한 곳으로 가서 기도하셨습니다(막 1:35). 또한 다니엘 선지자는 예루살렘을 향하여 열린 창에서 하루에 세 차례씩 기도하였으며(단 6:10), 베드로 사도는 지붕에 올라가 기도하였습니다(행 10:9).

그러면 예수님이 골방에 들어가 기도하라고 하신 영적 의미는 무엇일까요? 방은 영적으로 '사람의 마음'을 의미하므로 골방에 들어가 기도한다는 것은 곧 우리가 안방 문을 지나 골방에 들어가듯 내 생각을 지나 그 안에 있는 깊은 마음속에서 중심의 기도를 하나님 앞에 올려야 한다는 뜻입니다. 골방에 들어가면 외부와 차단이 되듯 기도할 때에는 잡념이나 세상 근심, 걱정을 차단하여 중언부언하지 말고 마음을 다해 중심으로 기도하라는 것이지요.

우리는 인자의 살을 먹되 날로 먹는 자가 되지 말고, 즉 하나님 말씀을 문자 그대로 해석하지 말고 성령의 감동 가운데 영적인 뜻이 무엇인지 알아서 양식 삼는 영적 사람이 되어야 하겠습니다.

다음으로 물에 삶아 먹지 말라는 것은 어떤 의미일까요? 인자의 살, 곧 하나님 말씀에 다른 어떤 것을 가미하지 말고 순수하게 먹으라는 의미입니다.

하나님 말씀에 성인군자나 철학자, 시인 등 일반적으로 사람들에게 존경받는 이들의 말이나 정치 이야기, 사회 이야기 등을 가미하여 전달하는 것은 합당치 않습니다. 천지 만물을 지으시고 인간의 생사화복을 주관하는 하나님께는 무엇 하나 부족함이 없고 능치 못함이 없기 때문입니다.

고린도전서 1장 25절을 보면 "하나님의 미련한 것이 사람보다 지혜 있고 하나님의 약한 것이 사람보다 강하니라" 하셨습니다. 사람이 아무리 뛰어나고 지혜롭다 해도 감히 하나님과 비교할 수 없음을 깨우쳐 주기 위한 말씀입니다.

하나님 말씀이 담긴 성경 66권만 해도 그 넓이와 깊이와 높이를 다 전할 수 없는데 어찌 사람의 말을 섞어서 전할 수 있겠습니까? 사람의 말은 세월이 흐르면 변하고 달라지게 마련이며, 설령 변하지 않는 진리가 있다 해도 이는 이미 성경 안에 다 들어 있습니다.

따라서 우리는 오직 하나님 말씀을 최우선으로 가르쳐야 합니다. 물론 하나님 말씀을 전할 때 은혜가 되는 비유나 예화를 들어 하늘의 비밀을 알려 주며 영적 말씀을 잘 이해하고 깨닫게 도와주는 것은 상관이 없지요. 그러나 하나님 말씀만이 영원히 변함없는 것이고, 우리를 영생의 길로 인도하는 데 조금도 부족함이 없는 완전한 진리임을 깨달아 결코 하나님 말씀을 물에 삶아 먹는 일이 없어야 하겠습니다.

이어, 머리와 정강이와 내장을 다 불에 구워 먹으라는 것은 어떤 의미일까요? 인자의 살 곧 하나님 말씀이 기록된 성경 66권의 말씀을 하나도 빠짐없이 통째로 양식을 삼아야 한다는 뜻입니다.

예를 들어, 어떤 사람은 구약 성경에서 모세가 홍해를 갈랐다는 말씀은 믿기 어렵다며 의심하는가 하면, 레위기의 제사법은 이해하기 어렵다며 아예 읽지도 않습니다. 또한 예수님께서 나타낸 기사와 표적을 믿을 수 없으니 지금부터 2천 년 전에나 있었던 일이라고 하는 등 인간의 생각에 맞지 않는 이것저것을 뺀 후 선한 가르침, 곧 윤리나 도덕만을 양식 삼고자 합니다.

그러면서도 "네 이웃을 네 몸과 같이 사랑하라", "악은 모든 모양이라도 버리라" 등의 말씀은 너무 지키기가 어려우므로 마음에 두지 않는데 어찌 이런 사람이 구원받을 수 있겠습니까.

따라서 우리는 성경 66권 하나님 말씀 중에 자기가 먹고 싶은 부분만 먹는 어리석은 사람이 되지 말아야 합니다. 또한 사람의 생각에 맞추어 필요한 부분만 읽거나 믿는 것이 아니라 창세기부터 요한계시록까지 어느 것 하나 빼지 말고 모두 먹되 불에 구워 먹어야 하겠습니다.

그러면 불에 구워 먹는다는 것은 구체적으로 어떤 의미일까요?

여기서 불은 바로 성령의 불을 의미합니다. 즉, 하나님 말씀은 성령의 감동으로 쓰인 것이기 때문에 읽고 들을 때에도 성령이 충만하고 감동함 가운데 대해야 한다는 것입니다. 그렇지 않으면 하나의 지식으로만 쌓일 뿐 영의 양식으로 삼을 수 없기 때문입니다.

이처럼 불에 구워 먹기 위해서는 불같은 기도가 있어야 합니다. 기도는 기름의 역할을 하여 성령 충만의 원동력이 되지요. 이렇게 하나님 말씀을 성령의 감동으로 대하면 그 말씀이 어찌나 단지 송이 꿀보다 맛있으며, 사슴이 시냇물을 찾듯 갈급한 심령이 되어 사모하며 듣기 때문에 그것을 듣는 시간이 무척 귀하여 아무리 길어도 지루하지 않습니다.

이같이 말씀 대하는 것이 곧 성령의 불에 구워 먹는 것입니다. 그래야만 하나님 말씀을 깨닫고 소화가 잘되어 영적인 살과 피가 되며, 그 뜻을 좇아 살아갈 수 있습니다. 즉 성령으로 영을 낳아 영적 사람이 되어 가며 믿음이 날로 성장하여 사람의 본분을 찾아감으로써 잃었던 하나님 형상을 회복해 나가는 것이지요.

그러나 불에 구워 먹지 않고 내 생각과 지식으로 듣는 사람은 하나님 말씀이 지루하고 또 잡념 속에 듣기 때문에 오래 기억되지 않습니다. 따라서 영적 성장을 이루지 못할 뿐만 아니라 참 생명이 될 수도 없지요.

또한 아침까지 남겨 두지 말고 남은 것은 곧 소화하라는 것은 어떤 의미일까요? 인자의 살, 곧 하나님 말씀을 밤에 다 먹어야 한다는 것입니다. 지금 우리가 사는 이 세상은 원수 마귀가 지배하는 흑암의 세상이며 영적으로 밤이라 할 수 있습니다. 이제 때가 이르러 주님께서 재림하시면 그때에는 어둠이 다 물러가고 모든 것이 온전히 회복되어 빛의 세계인 아침이 되는 것입니다.

그러므로 아침까지 남겨 두지 말라는 것은 주님께서 재림하시기 전에 열심히 하나님 말씀을 양식 삼아 주님을 맞이하기 위한 신부 단장을 잘해야 한다는 뜻입니다. 주님의 재림 때가 가깝든지 멀든지 인생은 강건해야 7, 80년이고, 언제 주님 앞에 갈지 아무도 모릅니다. 어느 때든지 주님 만나기 전까지 인자의 살을 먹고 소화하는 만큼 영의 사람으로 성장하는 것이니 부지런히 하나님 말씀을 양식 삼아야 하는 것입니다.

그래서 부지런히 영적 성장을 하여 아비의 믿음을 지니면 태초부터 계신 하나님을 알고 영적 사랑, 성령의 아홉 가지 열매, 그리고 팔복의 마음을 이루며 이렇게 하나님의 형상을 닮아 가는 만큼 천국에서도 하나님 보좌 가까운 곳에서 해와 같이 빛나는 영광을 누릴 수 있습니다.

인자의 피를 마신다는 것은

우리가 육의 생명을 유지하기 위해서는 음식물과 함께 물을 마셔야 합니다. 만약 수분을 섭취하지 않으면 음식물이 소화되지 않으니 결국 죽을 수밖에 없습니다. 음식과 함께 물을 섭취해야 위를 비롯한 소화관의 운동이 원활하게 이루어져 소화가 되고 영양분이 흡수됩니다.

이와 마찬가지로 우리가 인자의 살을 먹을 때에도 인자의 피를 마시지 않으면 소화할 수 없으므로 인자의 살과 함께 피를 마셔야 영생할 수 있습니다. 인자의 피를 마신다는 것은 양식 삼은 하나님 말씀을 믿음으로 행하는 것을 의미합니다. 하나님 말씀을 들었으면 그 다음에는 말씀대로 행하는 것이 중요하며 이것이 곧 믿음입니다.

만약 하나님 말씀을 들어 알면서도 행하지 않는다면 아무 소용이 없습니다. 영적으로 하나님 말씀을 들어 그대로 행하면 진리는 흡수되고 그와 반대되는 비진리는 배설되므로 검은 마음을 하얀 마음으로 바꿀 수 있습니다.

여기서 흡수되는 진리란 무엇이며, 배설되는 비진리란 무엇일까요? 가령, '미워하지 말라, 서로 사랑하라'는 말씀을 들었다고 합시다. 그 말씀을 듣고 양식 삼아 그대로 하면 '사랑'이라는 영양분은 흡수되고 '미움'이라는 노폐물이 배설됩니다. 이렇게 하여 더럽고 추한 마음을 빼내니 자연히 우리 마음은 선한 마음, 곧 진리로 변화하는 것입니다.

하나님 말씀을 들었으면 그대로 행해야

만일 우리가 '미워하지 말라'는 말씀을 듣기만 하고 행하지 않는 다면 이는 인자의 피를 마시지 않은 것이며, 단순히 말씀을 머리로 아는 것에 불과하여 결국 구원에 이르지 못합니다. 그런데 인자의 피를 마시는 것, 곧 하나님 말씀대로 행하는 것은 사람의 힘만으로 는 되지 않습니다.

먼저 말씀대로 행하고자 하는 본인의 의지와 노력이 있어야 하 며 불같은 기도로써 하나님께서 주시는 은혜와 능력, 그리고 성령 의 도움을 받아야 합니다. 자신의 힘만으로 죄를 버릴 수 있다면 예 수님께서 십자가에 못 박혀야 할 이유가 없으며 성령을 보내 주셔야 할 이유도 없습니다.

우리는 스스로 죄의 문제를 해결할 수 없기 때문에 예수님이 십자 가에 못 박혀 죽음으로써 우리 죄를 대속하셨고, 성령께서 검은 마 음을 하얀 마음으로 바꿀 수 있도록 도우시는 것입니다. 그러므로 예수 그리스도를 영접한 하나님 자녀들은 진리와 의 가운데 살아가 도록 인도하시는 성령의 도움을 받아 죄를 버리고 하나님 말씀대로 살아감으로써 하나님의 사랑과 축복을 받아야 하겠습니다.

4 빛 가운데 행할 때 죄 용서를 받음

인자의 살과 피를 먹고 마시는 것, 즉 하나님 말씀대로 행한다는 것은 구체적으로 어떤 행함을 의미할까요?

바로 빛 가운데 행함을 말합니다. 우리가 인자의 살을 먹고 소화하여 진리의 마음이 되면 당연히 비진리인 어둠에서 떠나 진리인 빛 가운데 행하게 됩니다. 이렇게 빛 가운데 행할 때 주님의 보혈이 과거, 현재는 물론 미래의 죄까지도 다 씻어 주십니다.

설령 아직 버리지 못한 죄가 있다 해도 하나님 앞에 중심에서 회개할 때 하나님의 긍휼을 입어 죄를 용서받을 수 있지요. 하나님을 마음에서 믿어 진정 마음의 의를 이루어 나가는 사람은 더 이상 죄인이 아니라 의인이며, 구원에 이르러 영생을 얻는 것입니다.

하나님은 빛이시라

요한일서 1장 5절을 보면 "우리가 저에게서 듣고 너희에게 전하는 소식이 이것이니 곧 하나님은 빛이시라 그에게는 어두움이 조금도 없으시니라" 하셨습니다. 요한일서를 기록한 사도 요한과 같은 예수님 제자들은 하나님 아들로서 이 땅에 오셔서 세상의 빛이 되며 하나님께로 가는 길이 되어 주신 예수님께 직접 배웠습니다.

그래서 요한복음 1장 4, 5절을 보면 예수님을 "그 안에 생명이 있었으니 이 생명은 사람들의 빛이라 빛이 어두움에 비취되 어두움이 깨닫지 못하더라" 했고, 예수님께서도 자신을 "내가 곧 길이요 진리요 생명이니 나로 말미암지 않고는 아버지께로 올 자가 없느니라"(요 14:6)고 가르쳤습니다. 그러므로 예수님 제자들은 그분을 통해 "하나님은 빛이시라"는 사실을 직접 눈으로 보고 손으로 만진 바 되었으며 우리에게 전하는 소식 역시 '하나님은 빛'이라는 것입니다.

빛은 영적으로 진리를 의미

빛이란 과연 무엇일까요? 빛은 영적으로는 진리를 의미하며 진리는 어둠과 정반대입니다. 하나님께서는 에베소서 5장 8절에서 "너희가 전에는 어두움이더니 이제는 주 안에서 빛이라 빛의 자녀들처럼 행하라" 권면하셨습니다. 빛이 어둠을 물리치듯 "하나님은 빛이시라"는 수식을 듣고 빛이신 하나님에게서 진리를 배운 사람은 빛을 내서 어두운 세상을 밝힐 수 있기 때문입니다.

빛의 자녀들이 진리대로 행할 때 나타나는 모든 열매가 곧 빛의 열매입니다. 그래서 에베소서 5장 9절에 "빛의 열매는 모든 착함과 의로움과 진실함에 있느니라" 하신 것이지요. 고린도전서 13장에 나오는 영적 사랑과 갈라디아서 5장 22절 이하에 나오는 사랑, 희락, 화평, 오래 참음, 자비, 양선, 충성, 온유, 절제와 같은 성령의 열매 등도 모두 빛의 열매에 속합니다.

그러므로 빛이란 하나님께서 성경에서 '사랑하라, 기도하라, 안식일을 지키라, 십계명을 지키라' 하신 것과 같이 선과 의, 사랑에 관한 모든 진리 말씀이며, 빛 가운데 행한다는 것은 바로 하나님 말씀대로 행함을 의미합니다.

어둠은 영적으로 죄를 의미

이와 반대로 어둠이란 영적으로 죄를 의미하므로 그 끝은 결국 사망에 이르는 것입니다. 로마서 1장 29절 이하에 나오는 불의, 추악, 탐욕, 악의, 시기, 살인, 분쟁, 사기, 악독 등 진리와 반대되는 모든 비진리가 다 어둠입니다. 곧 성경에 '도적질하지 말라', '살인하지 말라', '간음하지 말라', '악은 모양이라도 버리라', '탐심을 버리라' 등 '하지 말라, 버리라' 하신 것이 다 어둠에 해당됩니다.

간혹 하나님 자녀라 하면서도 하나님께서 '하라, 지키라' 하신 것을 행치 않으며 '하지 말라, 버리라' 하신 것을 하는 사람들이 있는데, 이러한 어둠은 원수 마귀 사단이 주관하는 것이고, 세상에 속한 것이므로 결코 빛과 하나 될 수 없습니다. 그러니 어둠 가운데 행하는 사람은 오히려 빛을 싫어하며 멀리합니다. 반면에 빛이며 어둠이 조금도 없는 하나님의 참된 자녀들은 어떻습니까? 어둠을 멀리하고 빛 가운데 행하며 그럴 때 항상 하나님과 교통하고 범사에 형통할 수 있습니다.

하나님과 사귐이 있다면 빛 가운데 행해야

흔히 부모와 자녀 사이에는 사랑으로 맺어진 친밀한 사귐이 있습니다. 이와 마찬가지로 예수 그리스도를 믿는 우리에게 하나님께서는 영의 아버지이니 사귐이 있는 것은 당연한 일이지요(요일 1:3).

여기서 사귐이란, 단지 내 편에서만 상대를 아는 것을 의미하지 않고 서로가 아는 것을 말합니다. 아무리 내가 대통령을 잘 알고 있다 해도 대통령이 나를 모른다면 사귐이 있다 할 수 없지요. 진정한 사귐을 가지려면 내 편에서 하나님을 알 뿐만 아니라 하나님 편에서도 나를 알고 인정하셔야 합니다.

그런데 요한일서 1장 6, 7절을 보면 "만일 우리가 하나님과 사귐이 있다 하고 어두운 가운데 행하면 거짓말을 하고 진리를 행치 아니합이거니와 저가 빛 가운데 계신 것같이 우리도 빛 가운데 행하면 우리가 서로 사귐이 있고 그 아들 예수의 피가 우리를 모든 죄에서 깨끗하게 하실 것이요" 하셨습니다.

우리가 죄를 버리고 빛 가운데 행할 때만이 하나님과 사귐이 있으며, 만일 여전히 어둠 가운데 행하면서 '하나님과 사귐이 있다'고 한다면 이는 거짓말이라는 것입니다. 그러므로 하나님과 사귐이 있다는 것은 단지 하나님을 지식으로 아는 육적 사귐이 아니고, 영적 사귐, 진리의 사귐을 말합니다.

하나님께서는 빛이시므로 우리도 빛이 되어야 영적 사귐이 이루어질 수 있습니다. 바로 진리 안에 있는 만큼 하나님의 마음인 성령께서 하나님 뜻을 밝히 깨우쳐 주시니 말씀을 듣고 보며 기도할 때 하나님과 더욱 깊이 교통할 수 있는 것입니다.

만일 어둠 가운데 행하면

그런데 하나님과 사귐이 있다 하고 어둠 가운데 행하며 죄를 짓는다면 거짓말하고, 진리를 행치 않는 것이어서 결국 사망의 길로 가고 맙니다.

사무엘상 2장을 보면 엘리 제사장의 두 아들이 하나님 말씀 안에 살지 않고 악을 행하여 하나님께 죄를 범하였을 때 징계를 해서라도 바로잡는 것이 마땅하나 엘리 제사장은 "너희가 어찌하여 이런 일을 하느냐 … 그리 말라"고 권면만 할 뿐이었습니다. 결국 하나님의 진노가 임하여 두 아들은 전쟁터에서 죽고 이 소식을 들은 엘리 제사장은 놀라 의자에서 자빠져 목이 부러져 죽었으며 그 후손에게까지 진노가 임했지요(삼상 2:27~36, 4:11~22).

그래서 에베소서 5장 11~13절에 "너희는 열매 없는 어둠의 일에 참예하지 말고 도리어 책망하라 저희의 은밀히 행하는 것들은 말하기도 부끄러움이라 그러나 책망을 받는 모든 것이 빛으로 나타나나니 나타나지는 것마다 빛이나라" 하신 것입니다. 만일 하나님과 사귐이 있다 하고 빛 가운데 살지 못하는 사람이 있다면 마땅히 사랑으로 권면하고, 그래도 돌이키지 않으면 책망하여 빛 가운데로 나올 수 있도록 인도해야 사망에 이르지 않습니다.

빛 가운데 행할 때 죄를 용서받는다는 것은

세상에는 법이 있어서 죄를 지으면 그 경중에 따라 합당한 대가를 치릅니다. 그러나 아무리 죄의 값을 치렀다 해도 그의 범죄 탓에 이미 상대가 큰 고통을 당하고 여러 면에 손해를 끼쳤기 때문에 양심의 부끄러움을 지울 수 없습니다.

이와 마찬가지로 우리가 예수 그리스도를 영접하면 죄를 용서받고 의인이라 일컬어지게 되지만, 마음에는 근본 죄성이 여전히 남아 있습니다. 그래서 하나님께서는 그의 자녀들이 양심에서조차 부끄러움을 느끼지 않도록 마음의 할례를 명하셨습니다.

예레미야 4장 4절에 "너희는 스스로 할례를 행하여 너희 마음 가죽을 베고 나 여호와께 속하라" 하신 대로 마음의 할례란 마음 가죽을 베는 것을 말합니다. 또한 그것은 성경 66권 하나님 말씀을 그대로 지켜 순종함을 의미합니다.

다시 말하면 하나님 말씀에 어긋나는 모든 비진리, 악, 불의, 불법, 어둠을 몰아내고 마음을 깨끗게 하여 진리로 채워 나감을 말합니다. 결국 인자의 살을 먹고 피를 마시며, 빛 가운데 행하는 것이 마음의 할례입니다.

따라서 하나님 말씀을 부지런히 양식 삼고 그대로 행함으로써 영양분인 진리를 흡수하고 어둠에 속하는 악, 비진리 등의 노폐물을 배설해야 하며, 이렇게 마음을 할례해 나갈 때 영적으로 성장하는 것입니다. 이같이 죄악을 버리면서 차츰 영의 사람, 진리의 사람으로 변화해 가는 과정을 하나님과 사귐이 있다 하고 이런 사귐이 있으니 주님의 피가 우리의 죄를 씻어 깨끗게 합니다.

5 행함 있는 믿음이 참 믿음

주변을 둘러보면 '믿음'을 잘 이해하지 못하고 신앙생활을 하는 분이 의외로 많습니다. 더러는 "적당히 교회에 다니면 되지 뭘 그렇게 힘들게 예수를 믿느냐" 말하며 여전히 어둠 가운데 살아갑니다. 만일 우리가 하나님 말씀을 듣고 알면서도 이를 행치 않으면 이는 머리로 아는 믿음일 뿐 참 믿음이 아니므로 구원받을 수 없음을 알아야 합니다(약 2:14).

그러면 하나님께서 인정하시는 믿음이란 과연 무엇이며 어떻게 해야 믿음으로 구원에 이를 수 있을까요?

죄를 자백하며 잘못을 돌이켜야

요한일서 1장 8, 9절에 "만일 우리가 죄 없다 하면 스스로 속이고 또 진리가 우리 속에 있지 아니할 것이요 만일 우리가 우리 죄를 자백하면 저는 미쁘시고 의로우사 우리 죄를 사하시며 모든 불의에서 우리를 깨끗게 하실 것이요" 하셨습니다.

여기서 죄를 자백한다는 것은 무슨 뜻일까요?

하나님께서 "동쪽으로 가는 길이 영생의 길이니 동쪽으로 가라"고 하셨는데도 여전히 서쪽으로 가면서 "하나님, 제가 동쪽으로 가야 하는데 서쪽으로 가고 있음을 용서해 주옵소서." 한다면 이는 자백이라 할 수 없습니다. 왜냐하면 하나님을 믿는 것도, 두려워하는 것도 아니며 오히려 하나님을 우롱하는 것이기 때문입니다.

진정한 회개는 단순히 입술로만 하는 것이 아니라 행함으로 온전히 돌이키는 것이며, 이럴 때 하나님께서 회개로 받으시고 죄를 용서해 주십니다. 우리가 자신의 죄악을 발견하고 버려 나가며 빛 가운데 행해 나갈 때 주님의 피로 깨끗게 하며 용서하시는 것입니다.

만일 음식물을 섭취해야 생명을 유지하는 것을 알면서도 계속 먹지 않으면 결국 죽고 말듯 입술로만 죄를 자백하고 여전히 돌이키지 않으면 이는 주님의 보혈로 모든 죄를 씻은 것이 아닙니다.

행함이 없는 믿음은 죽은 믿음

야고보서 2장 22절을 보면 "네가 보거니와 믿음이 그의 행함과 함께 일하고 행함으로 믿음이 온전케 되었느니라" 했고, 26절에는 "영혼 없는 몸이 죽은 것같이 행함이 없는 믿음은 죽은 것이니라" 말씀합니다. 많은 사람이 천국과 지옥이 있음을 들어서 알기 때문에 교회를 왔다갔다합니다. 그러나 이러한 사실을 정작 마음에 믿지 못하므로 행함이 따르지 않는데 이는 지식으로 아는 믿음에 불과하므로 죽은 믿음입니다.

또한 입술로는 믿는다면서 여전히 죄악 가운데 산다면 그것이 어찌 믿음이겠습니까? 성경은 우리가 모르고 짓는 죄보다 알고 짓는 죄가 더 크다고 하십니다. 따라서 '믿습니다'라고 고백하여도 행함이 없으면 그것은 자신의 생각일 뿐 하나님 편에서 믿음으로 인정하시지 않습니다.

출애굽한 이스라엘 백성은 하나님께서 홍해를 갈라 주셔서 마른 땅으로 건너고, 광야에서는 하나님께서 주시는 만나와 메추라기를 먹었습니다. 또한 낮에는 구름기둥, 밤에는 불기둥으로 더위와 추위를 막아 주시는 하나님의 능력을 체험했습니다.

그러나 막상 하나님께서 가나안 땅을 정탐할 것을 명했을 때 전지전능한 하나님 말씀과 능력을 믿은 사람은 여호수아와 갈렙 두 사람뿐이었습니다. 그 결과 가나안 땅에 들어가려는 믿음을 내보이지 못하여 순종치 못한 이스라엘 백성은 40년의 연단 생활 끝에 광야에서 죽고 말지요. 이처럼 전지전능한 하나님 역사를 아무리 보고 체험한다 해도 행하지 않으면 소용이 없으며, 믿음은 행함으로 온전케 됨을 명심해야 하겠습니다.

오직 율법을 행하는 자라야 의인

하나님께서는 로마서 2장 13절에서 "하나님 앞에서는 율법을 듣는 자가 의인이 아니요 오직 율법을 행하는 자라야 의롭다 하심을 얻으리니" 하셨습니다. 열심히 예배에 참석하여 말씀을 듣는다 해서 의인이 아니라 말씀대로 행하여 검은 마음이 진리의 하얀 마음으로 변화되는 만큼 의인이 된다는 것입니다.

더러는 로마서 10장 13절에 "누구든지 주의 이름을 부르는 자는 구원을 얻으리라"는 말씀을 오해하여, 행함은 어떻든지 입술로 "주여, 주여" 하면 모두 구원받는다고 생각하는데 결코 그렇지 않습니다. 하나님 말씀에는 반드시 짝이 있어 그 짝을 맞추어야 온전한 뜻이 되기 때문입니다.

앞서 기록된 로마서 10장 9, 10절을 보더라도 "네가 만일 네 입으로 예수를 주로 시인하며 또 하나님께서 그를 죽은 자 가운데서 살리신 것을 네 마음에 믿으면 구원을 얻으리니 사람이 마음으로 믿어 의에 이르고 입으로 시인하여 구원에 이르느니라" 말씀합니다.

이는 주님께서 부활한 것을 진정 마음으로 믿는 자라야 행함이 따르므로 입술의 고백이 참이고, 이러한 믿음으로 고백하며 의인이 되어 가는 사람은 누구든지 구원을 얻지만 그렇지 못한 사람은 구원받을 수 없다는 말씀입니다.

그러므로 예수님께서는 마태복음 13장 49, 50절에서 "세상 끝에도 이러하리라 천사들이 와서 의인 중에서 악인을 갈라내어 풀무불에 던져 넣으리니 거기서 울며 이를 갊이 있으리라" 하신 것입니다. 여기서 의인이란 하나님을 인정하며 신앙생활하는 모든 사람을 뜻하며, 의인 중에 악인을 갈라낸다는 것은 교회에 다니더라도 하나님 말씀대로 행치 않는 사람은 구원받을 수 없다는 뜻입니다.

하나님께서 원하시는 것은 마음의 할례

하나님께서는 그의 자녀들이 거룩하고 온전하기를 원하십니다. 그래서 베드로전서 1장 15절에는 "오직 너희를 부르신 거룩한 자처럼 너희도 모든 행실에 거룩한 자가 되라" 권면하셨고, 마태복음 5장 48절에는 "하늘에 계신 너희 아버지의 온전하심과 같이 너희도 온전하라" 하신 것입니다.

구약 시대에는 장차 나타날 표상의 그림자로서 행위적 구원을 받았지만 예수 그리스도께서 사랑으로 율법을 완성하신 신약 시대에는 믿음으로 구원받습니다. 행위적 구원이란 내게 살인할 마음이나 미워하는 마음, 간음하는 마음, 거짓말하는 마음 등 더러운 마음으로 가득 차 있어도 이것을 행함으로 나타내지 않으면 죄가 성립되지 않는 것입니다.

성령이 오지 않았던 구약 시대에는 인간의 힘만으로 마음의 죄를 온전히 벗을 수 없기 때문에 행위로 죄를 짓지만 않으면 죄인이라 말씀하지 않았습니다. 하지만 신약 시대에는 믿음으로 마음의 할례를 받아야 구원에 이를 수 있습니다. 이는 성령께서 오신 뒤에는 내 마음 안에 죄가 무엇이고 의가 무엇이며 심판이 있음을 알려 줄 뿐 아니라 비진리를 벗고 말씀대로 살 수 있도록 도와주시기 때문입니다.

하나님께서 진정 원하시는 것이 마음의 할례임을 깨달아 죄를 벗어 버리며 성결하여 신의 성품에 참예하는 사람이 되어야 합니다. 사도 바울은 이러한 하나님 뜻을 알았기 때문에 육의 할례가 아닌 마음의 할례를 가르쳤으며(롬 2:28, 29) 온전케 하시는 주님을 바라보고 죄와 피 흘리기까지 싸워 그것을 버릴 것을 권면하였습니다(히 12:1~4). "주여, 주여" 한다고 천국에 다 들어가는 것이 아닙니다. 빛 가운데 행하며 마음의 할례를 받아야 천국에 들어간다는 사실을 깨달아 행함 있는 믿음을 간직하기 바랍니다.

9장
물과 성령으로
거듭나야 구원

"바리새인 중에 니고데모라 하는 사람이 있으니
유대인의 관원이라 그가 밤에 예수께 와서 가로되
랍비여 우리가 당신은 하나님께로서 오신 선생인 줄
아나이다 하나님이 함께하시지 아니하시면
당신의 행하시는 이 표적을 아무라도
할 수 없음이니이다 예수께서 대답하여 가라사대
진실로 진실로 네게 이르노니 사람이 거듭나지
아니하면 하나님 나라를 볼 수 없느니라
니고데모가 가로되 사람이 늙으면 어떻게
날 수 있삽나이까 두 번째 모태에 들어갔다가
날 수 있삽나이까 예수께서 대답하시되
진실로 진실로 네게 이르노니
사람이 물과 성령으로 나지 아니하면
하나님 나라에 들어갈 수 없느니라"
(요 3:1~5)

하나님께서는 독생자 예수 그리스도를 이 땅에 보내 누구든지 그를 영접하는 자마다 하나님의 자녀 된 권세를 얻어 영생복락을 누릴 수 있도록 구원의 길을 열어 주셨습니다.

그런데 오늘날 많은 사람이 예수 그리스도를 영접하여 하나님을 믿는다지만 정작 구원의 확신이 없습니다. 그런가 하면 구원받을 만한 믿음을 갖지 못하였으면서도 스스로 구원받았다고 착각하거나 한 번 성령을 받았으면 이후로는 자신의 행함이 어떠하든지 구원받을 줄로 생각하는 사람도 있지요. 이제 인간 구원의 길인 「십자가의 도」 결론으로서 니고데모를 통하여 우리가 온전한 구원에 이르기까지의 과정을 살펴보겠습니다.

1 예수님을 찾아온 니고데모

예수님 당시 바리새인들은 모세의 율법을 존중하여 조상 대대로 내려오는 전통을 준수했습니다. 하나님의 주관 아래 세계가 움직이는 것을 믿으며, 부활과 천사와 종말론과 메시아가 온다는 사실을 믿었습니다.

이러한 바리새인들을 향하여 예수님께서는 "화 있을진저" 하며 많은 책망을 하셨는데 그 이유는 무엇일까요? 이들은 외식주의자로서, 행위로는 거룩한 체했으나 속마음은 탐욕과 방탕으로 가득하여 마치 회칠한 무덤과 같았기 때문입니다(마 23:25~36).

선한 중심을 소유한 니고데모

니고데모는 바리새인 중의 한 사람이며, 유대 최고 회의 기관인 산헤드린 공회의 회원으로서 백성을 지도하는 위치에 있었습니다. 그는 다른 바리새인들과 달리 예수님을 핍박하지 않았고, 오히려 예수님께서 나타내시는 기사와 표적을 보면서 예수님이 하나님에게서부터 온 분이라는 사실을 믿었습니다. 또한 그분이 누구신지 알고자 하는 선한 중심을 지니고 있었습니다.

그래서 요한복음 7장 51절을 보면 예수님을 잡고자 하는 바리새인들을 향하여 "우리 율법은 사람의 말을 듣고 그 행한 것을 알기 전에 판결하느냐" 하며 예수님을 변호한 것입니다.

이러한 발언은 그 당시 이스라엘 관원으로서는 결코 쉬운 일이 아니었습니다. 예수님을 심히 배척하며 유대교 외의 다른 종교는 엄격히 금했으므로 자칫 직위가 박탈되거나 박해받을 수도 있는 상황인 것입니다. 그런데도 예수님을 옹호한 것은 그가 얼마나 진실하며 예수님에 대한 확고한 믿음을 가지고 있었는지 알 수 있게 합니다.

또한 요한복음 19장 39, 40절을 보면 "일찍 예수께 밤에 나아왔던 니고데모도 몰약과 침향 섞은 것을 백 근쯤 가지고 온지라 이에 예수의 시체를 가져다가 유대인의 장례법대로 그 향품과 함께 세마포로 쌌더라" 말씀합니다. 이처럼 니고데모는 예수님을 하나님의 사람으로 믿었으며, 십자가에 못 박혀 죽으신 뒤에 주님의 부활을 믿고 구원에 이르렀습니다.

예수님을 찾아와 믿음을 고백한 니고데모

요한복음 3장을 보면 니고데모가 아직 진리를 영적으로 깨닫기 이전에 예수님과 대화하는 장면이 기록되어 있습니다. 어느 날, 니고데모는 밤에 예수님을 찾아가 "랍비여 우리가 당신은 하나님께로서 오신 선생인 줄 아나이다 하나님이 함께하시지 아니하시면 당신의 행하시는 이 표적을 아무라도 할 수 없음이니이다"라고 고백하였습니다.

예수님이 구세주인지도 모르고 하나님 아들인지도 모르는 그였지만 선한 양심을 지녔기 때문에 예수님의 나타낸 표적을 보고 곧 하나님의 사람임을 깨달아 그러한 고백을 한 것입니다. 죽은 사람을 살리고 소경의 눈을 뜨게 하며 앉은뱅이를 일으키고 문둥병자를 깨끗하게 하는 등 예수님이 나타낸 표적은 오직 전능한 하나님만이 하실 수 있는 권능이었기 때문입니다.

그러면 니고데모는 왜 밤에 예수님을 찾아간 것일까요? 당시 니고데모는 선한 마음은 있었지만 온전한 믿음은 없었습니다. 예수님께서 하나님 아들로서 이 땅에 오신 구세주인 줄 분명히 믿지 못한 탓에 떳떳하게 낮에 찾아오지 못하고 밤에 남의 눈을 피하여 예수님을 찾아간 것입니다.

2 영적 깨우침을 주신 예수님

예수님께서는 이러한 니고데모에게 "진실로 진실로 네게 이르노니 사람이 거듭나지 아니하면 하나님 나라를 볼 수 없느니라" 말씀하셨습니다(요 3:3). 하지만 니고데모는 이러한 예수님 말씀을 도무지 이해할 수 없었습니다.

그래서 "사람이 늙으면 어떻게 날 수 있삽나이까 두 번째 모태에 들어갔다가 날 수 있삽나이까?" 하고 질문합니다. 영적 믿음이 없기 때문에 '사람이 늙어서 죽으면 한 줌 흙으로 돌아가는 것이 정한 이치인데 어찌 다시 거듭날 수 있는가?' 하는 의문이 생길 수밖에 없었던 것입니다.

그러자 예수님께서는 "사람이 물과 성령으로 나지 아니하면 하나님 나라에 들어갈 수 없느니라 육으로 난 것은 육이요 성령으로 난 것은 영이니" 말씀하시며 물과 성령으로 거듭나야 함을 알려 주셨습니다.

육으로 난 것은 육이요, 성령으로 난 것은 영이니

이 말씀을 니고데모가 기이히 여기자 예수님께서는 "바람이 임의로 불매 네가 그 소리를 들어도 어디서 오며 어디로 가는지 알지 못하나니 성령으로 난 사람은 다 이러하니라" 하시며 비유를 들어 설명하지요(요 3:8). 아담이 불순종한 이후 모든 사람은 영이 죽어 육의 사람이 되어 멸망의 길로 가게 되었으나, 성령으로 거듭나면 죽은 영이 살아나고 점점 영의 사람이 되어 하나님 형상을 되찾아 구원받을 수 있음을 말씀한 것입니다.

그러나 니고데모는 여전히 예수님 말씀을 깨우치지 못하여 "어찌 이러한 일이 있을 수 있나이까?" 하고 재차 물었지요. 예수님께서는 "내가 땅의 일을 말하여도 너희가 믿지 아니하거든 하물며 하늘 일을 말하면 어떻게 믿겠느냐 하늘에서 내려온 자 곧 인자 외에는 하늘에 올라간 자가 없느니라 모세가 광야에서 뱀을 든 것같이 인자도 들려야 하리니 이는 저를 믿는 자마다 영생을 얻게 하려 하심이니라" 하셨습니다.

민수기 21장 4~9절을 보면 이스라엘 백성이 출애굽하여 가나안 땅을 향해 가다가 광야길이 험하여 하나님과 모세를 원망하는 장면이 나옵니다. 그러자 하나님께서 외면하시니 불뱀들이 나타나 이스라엘 백성을 물었습니다.

이때 이스라엘 백성이 구원해 달라 외쳐대자 하나님께서는 모세에게 명하여 놋뱀을 만들어 장대 위에 달게 하셨지요. 그래서 회개하고 그것을 쳐다보는 이들은 살게 하셨지만 강퍅한 사람들은 그것을 믿지 못하여 쳐다보지 않음으로써 죽어 갔습니다.

영적 말씀을 깨달으려면 물과 성령으로 거듭나야

하나님께서 왜 놋뱀을 만들어 매달도록 섭리하셨을까요? 창세기 3장 14절에 뱀은 '저주받은 자'라 했고, 또한 갈라디아서 3장 13절에 '나무에 달린 자마다 저주 아래 있는 자'라 했습니다. 따라서 놋뱀을 만들어 매단 것은, 곧 예수님께서 우리의 모든 죄를 대속하기 위해 저주받은 뱀처럼 나무 십자가에 달림을 예표한 것이며, 놋뱀을 쳐다본 백성마다 죽지 않고 살 수 있는 것처럼 예수 그리스도를 믿는 자마다 구원받아 영생에 이를 수 있음을 깨우칠 수 있습니다.

니고데모는 예수 그리스도를 영접하여 물과 성령으로 거듭난 상태가 아니기 때문에 문자적으로만 하나님 말씀을 알고 있을 뿐 영적으로 도무지 깨우칠 수 없던 것이지요. 오늘날에도 영적 말씀을 들을 때 무슨 의미인지 깨닫지 못하고 문자 그대로 받아들여 오해하는 경우가 종종 있습니다.

따라서 영적 말씀을 바로 깨닫기 위해서는 불같이 기도하여 성령의 감동 가운데 말씀을 깨달을 수 있도록 힘써야 합니다. 그럴 때 하나님께서 은혜를 주시므로 어느 순간에 마음의 문이 열리면서 이

해되지 않던 말씀이 깨우쳐지고 마음에 믿음으로 와 닿는 것입니다.

3 물과 성령으로 거듭나야 구원

밤에 찾아온 니고데모에게 "사람이 물과 성령으로 나지 아니하면 하나님 나라에 들어갈 수 없느니라 육으로 난 것은 육이요 성령으로 난 것은 영이니" 하시며 예수님께서는 물과 성령으로 거듭나야 구원에 이른다는 것을 알려 주셨습니다. 그러면 '물과 성령으로 거듭나야 한다'는 것은 구체적으로 무슨 뜻일까요? 물과 성령이 어떻게 우리를 거듭나게 하며 구원에 이르게 하는지 살펴보기로 하지요.

물은 영적 생명을 주는 영생수를 의미

물은 우리의 갈증을 해소하며 몸의 오장육부 모든 기관을 원활하게 하여 생명을 유지시켜 줍니다. 또한 우리 몸의 때를 씻어 주며 깨끗하게 하는 작용을 하지요. 그래서 예수님께서는 물을 비유하여 우리를 깨끗게 하며 생명을 주고 만물을 소생케 하는 영생수에 대해 설명해 주셨습니다.

"내가 주는 물을 먹는 자는 영원히 목마르지 아니하리니

나의 주는 물은 그 속에서 영생하도록 솟아나는

샘물이 되리라"(요 4:14)

물을 마시면 잠시 갈증이 해소되나 시간이 지나면 다시 갈증이 나게 마련입니다. 그런데 예수님께서 주는 물을 마시는 사람은 영원히 목마르지 않는다고 하셨으니 여기서 물이란 영적 물임을 알 수 있습니다. 즉 영생하도록 솟아나는 샘물이란 영원히 생명을 주는 물을 말합니다.

예수님께서 요한복음 6장 54, 55절에 "내 살을 먹고 내 피를 마시는 자는 영생을 가졌고 마지막 날에 내가 그를 다시 살리리니 내 살은 참된 양식이요 내 피는 참된 음료로다" 하셨으니 인자의 살과 피는 곧 영생수가 됩니다.

예수님께서는 말씀이 육신이 되어 이 땅에 오신 분이니 인자의 살이란 곧 성경 66권 말씀을 뜻하며, 그것을 먹는다는 것은 말씀을 마음에 양식 삼는 것을 의미합니다. 또한 인자의 피란 생명을 말합니다. 생명은 진리이고, 진리는 그리스도이며, 그리스도는 하나님의 능력입니다. 하나님의 능력은 믿음으로 말미암는 것이니 인자의 피를 마신다는 것은, 곧 믿음으로 행하는 것을 뜻합니다.

그러므로 물은 영적으로 하나님 말씀인 인자의 살이며, 어린 양 예수 그리스도임을 알 수 있습니다. 또한 물로 몸의 때를 씻어 내는 것같이 하나님 말씀은 마음의 때를 벗겨 추한 것들을 씻어 냅니다. 이러한 의미가 있기 때문에 교회에서 세례식을 행할 때 물로 하는 것이며, 세례받는 것은 하나님 자녀가 되어 죄를 용서받았다는 상징적인 표현이 됩니다. 뿐만 아니라 하나님의 말씀을 묵상하며 날마다 진리로 씻으라는 의미이지요.

물로 거듭난다는 말씀의 의미

영생수인 하나님 말씀으로 거듭나서 마음의 때를 벗겨 내려면 어떻게 해야 할까요? 앞서 말씀드린 대로 성경에는 크게 네 가지 종류의 하나님 말씀이 있는데, 바로 무엇을 '하라, 하지 말라, 지키라, 버리라'는 것입니다.

예를 들면, 하나님께서는 '시기하지 말라, 미워하지 말라, 판단 정죄하지 말라, 도적질하지 말라, 간음하지 말라, 살인하지 말라' 등 하지 말아야 할 사항을 말씀하셨습니다.

하나님께서 금하는 것은 하지 않으면서 동시에 '버리라'는 말씀대로 모든 악의 모양을 버려 나가며, '지키라'는 말씀에 따라 안식일, 계명 등을 지키며, '행하라'는 말씀대로 전도하고 기도하며 사랑하는 등 열심히 행해 나가면 성령의 도움 속에 비진리를 버리고 진리로 채울 수 있습니다. 즉 더럽고 악취 나는 불의, 불법, 죄 등이 말씀으로 씻기는 것입니다.

이렇게 하나님 말씀대로 행함으로 마음의 할례를 받아 진리로 변화되어 나가는 것이 바로 물로 거듭나는 것이지요. 따라서 우리가 온전한 구원에 이르기 위해서는 예수 그리스도를 영접하는 데에서 그치는 것이 아니라 말씀대로 행하여 지속적인 마음의 할례를 해야 하는 것입니다.

성령으로 거듭난다는 말씀의 의미

우리가 구원을 받으려면 물, 곧 하나님 말씀으로 거듭나야 할 뿐 아니라 성령으로 거듭나야 합니다. 사도행전 19장 2절을 보면 사도 바울이 제자들에게 "너희가 믿을 때에 성령을 받았느냐"고 질문하는 장면이 나오는데 과연 성령으로 거듭난다는 것은 무엇일까요?

인류의 조상인 아담은 영, 혼, 육을 지닌 사람이었으나(살전 5:23) 불순종한 죄 때문에 영이 죽고 말았습니다. 이때부터 사람은 혼과 육으로 지은 짐승과 다름없는 존재가 되고 말았지요(전 3:18). 그러나 우리가 죄인임을 깨달아 회개하고 마음의 문을 열어 예수 그리스도를 구세주로 영접하면 하나님께서는 성령을 선물로 주고 하나님의 자녀 된 것을 인치십니다(행 2:38).

이처럼 성령받은 하나님 자녀는 진리의 말씀을 듣고 선악을 분별할 수 있고, 중심을 다해 기도하면 하늘로부터 은혜와 능력을 받아 하나님 말씀대로 살아갈 수 있습니다. 성령으로 영을 낳은 만큼 진리로 변화하는 것이며 하나님께서 주시는 영적 믿음을 지니게 됩니다. 그래서 요한복음 3장 6절에 "육으로 난 것은 육이요 성령으로 난 것은 영이니" 했고, 요한복음 6장 63절에 "살리는 것은 영이니 육은 무익하니라" 하신 것입니다.

성령을 좇아 행하며 영의 사람이 되어야

물과 성령으로 거듭나면 하늘의 시민권을 소유하게 되니(빌 3:20) 하나님 자녀 된 기쁨으로 열심히 교회에 나와 예배하고 찬양하며 빛 가운데 살아가고자 힘씁니다. 우리가 성령을 받지 않았을 때에는 하나님의 진리를 알지 못한 채 어둠 가운데 살았지만 성령을 받은 뒤에는 빛 가운데 살아가려고 노력하는 것이지요.

그러나 어느 정도 시간이 지나면 하나님의 자녀 된 기쁨과 함께 마음에 갈등이 생깁니다. 이제까지 육신의 정욕과 안목의 정욕, 그리고 이생의 자랑(요일 2:16)을 좇아 살아온 육신의 법과 새롭게 성령의 소욕을 좇아 살고자 하는 성령의 법이 서로 싸우기 때문입니다.

사도 바울은 이 과정을 "내 속사람으로는 하나님의 법을 즐거워하되 내 지체 속에서 한 다른 법이 내 마음의 법과 싸워 내 지체 속에 있는 죄의 법 아래로 나를 사로잡아 오는 것을 보는도다 오호라 나는 곤고한 사람이로다 이 사망의 몸에서 누가 나를 건져 내랴"(롬 7:22~24) 하고 탄식하였습니다.

물과 성령으로 거듭난 상태란 이제 막 하나님의 자녀로 다시 태어난 것일 뿐 온전한 영의 사람이 아닙니다. 그래서 갈라디아서 5장 16, 17절에 "너희는 성령을 좇아 행하라 그리하면 육체의 욕심을 이루지 아니하리라 육체의 소욕은 성령을 거스리고 성령의 소욕은 육체를 거스리나니 이 둘이 서로 대적함으로 너희의 원하는 것을 하지 못하게 하려 함이니라" 하신 것입니다.

여기서 성령을 좇아 행한다는 것은 진리인 하나님 말씀대로 살며 하나님께서 원하시고 기뻐하는 뜻을 행하는 것을 의미합니다. 이렇게 성령의 소욕을 좇아 행하면 육체의 소욕을 좇도록 유혹하는 사단의 궤계에 빠지지 않고 세상과 원수 마귀 사단을 이길 수 있으며 진리대로 지켜 행할 뿐 아니라 하나님 나라와 의를 이루기 위해 충성하고 헌신하게 됩니다.

만일 육체의 소욕이 더 강하여 그것을 좇으면 근심이 따르고 곤고해집니다. 그러나 믿음이 장성하여 죄와 싸워 그것을 버려 나가면서 범사에 성령의 소욕을 좇아 행하면 육체의 소욕을 좇고자 하는 마음 자체가 없어지므로 마음에 싸움이 없어지고 곤고할 이유도 없습니다. 기쁜 일이 있을 때만 기뻐하고 감사하는 것이 아니라 어떤 상황에서도 기뻐하고 감사하는 것입니다.

하나님께서는 항상 성령의 소욕을 좇아 행하는 사람을 기뻐하십니다. 그래서 시편 37편 4절에 "여호와를 기뻐하라 저가 네 마음의 소원을 이루어 주시리로다" 한 대로 마음의 소원까지도 응답하십니다. 이처럼 마음이 영으로 온전히 변화하여 온 영을 이루면 하나님께서 기뻐하시니 능치 못할 일이 없음을 깨달아 물과 성령으로 거듭나 구원에 이름은 물론, 온전한 영의 사람이 되기 바랍니다.

4 증거하는 이가 셋이니 성령과 물과 피라

지금까지 우리가 구원에 이르기 위해 물과 성령으로 거듭나야 함을 말씀드렸습니다. 그런데 온전한 구원에 이르기 위해서는 반드시 빛 가운데 행하여 죄를 용서받아야 합니다. 만일 죄를 용서받지 못하면 여전히 죄가 남아 있으므로 우리 죄를 대속한 예수 그리스도의 보혈이 필요합니다.

그래서 요한일서 5장 5~8절에 "예수께서 하나님의 아들이심을 믿는 자가 아니면 세상을 이기는 자가 누구뇨 이는 물과 피로 임하신 자니 곧 예수 그리스도시라 물로만 아니요 물과 피로 임하셨고 증거하는 이는 성령이시니 성령은 진리니라 증거하는 이가 셋이니 성령과 물과 피라 또한 이 셋이 합하여 하나이니라" 하신 것이지요.

물과 피로 임하셨고 증거하는 이는 성령이시니

요한복음 1장 1절에 "말씀은 곧 하나님이시니라" 하셨고, 요한복음 1장 14절에는 "말씀이 육신이 되어 우리 가운데 거하시매"라고 했습니다. 즉 말씀 자체인 하나님의 독생자 예수님께서 영원한 사망으로 갈 수밖에 없는 온 인류의 죄를 대속하기 위해 육신을 입고 이 땅에 오신 것입니다. 또한 오늘날 이 말씀, 곧 성경 66권 말씀을 통해 우리의 죄를 씻는 것이지요.

그런데 말씀이 있다 해도 성령께서 우리 안에 임하지 않으면 말씀대로 살아갈 수 없습니다. 사람의 힘만으로는 죄를 벗을 수 없으니 성령께서 도와주셔야 합니다. 곧 불같이 기도함으로써 성령이 충만해야 육신의 정욕과 안목의 정욕, 이생의 자랑을 끊어 버리고 우리 안에 있는 비진리의 어둠을 몰아낼 수 있습니다.

이와 더불어 히브리서 9장 22절에 "피 흘림이 없은즉 사함이 없느니라" 말씀한 대로 피 흘림이 있어야 죄를 용서받습니다. 바로 이 피는 원죄와 자범죄가 없는 깨끗한 피, 흠과 타가 없는 피여야 하기 때문에 예수님의 보혈이 필요한 것입니다.

그러므로 우리가 구원에 이르려면 물과 피로 임한 예수 그리스도를 믿고 성령을 선물로 받아야 합니다. 따라서 성령과 물과 피, 이 셋 중에 한 가지라도 없어서는 안 됩니다. 만일 피가 없면 물과 성령으로 거듭나 더 이상 죄를 범치 않는다 해도 죄를 용서받지 못하니 이전의 죄가 그대로 남아 있지요. 또한 물, 곧 말씀으로 죄를 씻어야 하니 말씀이 필요하고 이를 온전히 행할 수 있도록 성령이 도와야 하므로 이 셋은, 곧 하나라 하시는 것입니다.

성령과 물과 피가 연합하여 우리를 구원받게 하며 천국으로 인도함을 깨달아 예수 그리스도를 영접함으로써 죄를 용서받되 지속적으로 물과 성령으로 거듭나 온전한 구원에 이르러야 하겠습니다.

10장
이단이란 무엇인가

"그러나 민간에 또한 거짓 선지자들이
일어났었나니
이와 같이 너희 중에도 거짓 선생들이 있으리라
저희는 멸망케 할 이단을 가만히 끌어들여
자기들을 사신 주를 부인하고
임박한 멸망을 스스로 취하는 자들이라
여럿이 저희 호색하는 것을 좇으리니
이로 인하여 진리의 도가 훼방을 받을 것이요
저희가 탐심을 인하여 지은 말을 가지고
너희로 이를 삼으니
저희 심판은 옛적부터 지체하지 아니하며
저희 멸망은 자지 아니하느니라"
(벧후 2:1~3)

물질문명이 발달할수록 사람들은 자신의 지혜나 지식에 의존하므로 신이 없다고 부인합니다. 또한 온갖 죄악이 가득 차면서 그 정신은 더욱 혼미하고 타락합니다. 그리하여 많은 사람이 참과 거짓을 분별하지 못하고 거짓에 미혹되기도 합니다. 또한 자신이 보기에 옳다고 인정해 온 이론이나 지식 때문에 잘못 판단하거나 정죄하는 실수를 범하기도 하지요.

마태복음 12장 22~37절을 보면 예수님께서 귀신 들려 눈멀고 벙어리 된 자를 고쳐 주시자 바리새인들은 "귀신의 왕 바알세불을 힘입지 않고는 귀신을 쫓아내지 못하느니라" 하며 하나님 역사를 귀신의 역사라고 정죄하는 장면이 나옵니다.

이때 예수님께서는 "사람의 모든 죄와 훼방은 사하심을 얻되 성령을 훼방하는 것은 사하심을 얻지 못하겠고 또 누구든지 말로 인자를 거역하면 사하심을 얻되 누구든지 말로 성령을 거역하면 이 세상과 오는 세상에도 사하심을 얻지 못하리라" 말씀하십니다.

이는 예수님께서 하나님 권능으로 베푸신 성령의 역사를 귀신의 역사로 정죄하는 것은 성령 훼방이나 거역으로 용서받지 못하는 큰 죄라는 것입니다. 오늘날 하나님을 믿는다는 사람들 가운데에도 종종 오류를 범하는 것 중에 하나가 바로 이단에 관한 인식입니다.

국어사전을 보면 이단이란, '자기가 믿는 이 외의 도' 또는 '옳지 않은 도'라고 정의되어 있습니다. 즉 자신이 믿고 있는 도를 옳은 것으로 생각하기 때문에 그 외 옳지 않다고 여기는 다른 종파는 모두 이단이라는 의미입니다. 예컨대, 불교가 옳은 도라고 믿는 사람은 유교나 그 밖에 다른 종교를 모두 이단이라 여기는 것이지요. 그러나 참되신 분은 오직 하나님 한 분이시니 이단에 대한 올바른 정의는 하나님 말씀인 성경에서 찾아야 합니다.

1 이단의 성경적 정의

하나님께서 말씀하는 이단이란 무엇인지, 또한 하나님의 영과 세상에 속한 영을 분별하는 방법은 무엇인지 구체적으로 살펴보겠습니다.

사도 바울을 이단의 괴수라 송사한 유대인

사도행전 24장 5절을 보면 "우리가 보니 이 사람은 염병이라 천하에 퍼진 유대인을 다 소요케 하는 자요 나사렛 이단의 괴수라" 하여 이단이란 단어가 성경에 등장합니다. 당시 유대인들은 사도 바울이 전하는 복음이 자신들이 믿는 것과 다른 것이어서 그를 잡아다 이단이라고 총독 앞에서 송사하였습니다. 사도 바울은 이에 대하여 해명하면서 사도행전 24장 13절 이하에서 자신의 신앙을 담대히 고백하였지요.

"이제 나를 송사하는 모든 일에 대하여

저희가 능히 당신 앞에 내세울 것이 없나이다

그러나 이것을 당신께 고백하리이다

나는 저희가 이단이라 하는 도를 좇아 조상의 하나님을

섬기고 율법과 및 선지자들의 글에 기록된 것을 다 믿으며

저희의 기다리는바 하나님께 향한 소망을 나도 가졌으니

곧 의인과 악인의 부활이 있으리라 함이라

이것을 인하여 나도 하나님과 사람을 대하여

항상 양심에 거리낌이 없기를 힘쓰노라"

과연 사도 바울이 이단이었을까요? 성경을 보면 이단이라는 단어
가 총 다섯 번 나오는데, 그 정의는 한 군데에만 기록되어 있습니다.

"그레ㅏ 민간에 또한 거짓 선지자들이 일어났었나니

이와 같이 너희 중에도 거짓 선생들이 있으리라

저희는 멸망케 할 이단을 가만히 끌어들여

자기들을 사신 주를 부인하고

임박한 멸망을 스스로 취하는 자들이라"(벧후 2:1)

여기서 '자기들을 사신 주'란 예수 그리스도를 의미합니다. 원래

사람은 하나님께 속하여 그분 뜻대로 살았으나 아담의 불순종 이후 죄인이 되어 원수 마귀에게 속하고 말았습니다. 그러나 사랑의 하나님께서 사망 가운데 있는 사람들을 긍휼히 여겨 독생자 예수 그리스도를 화목제물로 이 땅에 보내 십자가를 지게 하고, 그 피 값으로 구원의 길을 열어 주셨습니다.

즉 죄로 인하여 원수 마귀에게 속한 인간이 예수 그리스도를 믿음으로써 죄를 용서받아 생명을 얻고 다시 하나님께 속하도록 역사한 것입니다. 그래서 예수 그리스도께서 십자가에서 피 값을 주고 우리를 샀다고 하는 것이며, 예수 그리스도를 가리켜 '자기들을 사신 주'라고 표현한 것이지요.

예수 그리스도를 부인하는 자가 이단

이단이란 '자기들을 사신 주를 부인하고 임박한 멸망을 스스로 취하는 자들'이므로 예수님께서 십자가에 못 박혀 죽으시고 부활함으로써 그리스도로서의 사역을 완성하기 이전에는 이단이라는 말이 전혀 사용되지 않았습니다.

예수란 '자기 백성을 저희 죄에서 구원할 자'(마 1:21)라는 뜻이며, 그리스도란 '기름 부음을 받은 자'라는 뜻으로, 예수님께서 십자가에 못 박혀 죽으시고 부활한 뒤에야 비로소 그리스도로서의 사명을 다하고 구세주가 되셨습니다.

구약 성경이나 예수님의 공생애를 기록한 사복음서 곧 마태복음, 마가복음, 누가복음, 요한복음에 이단이라는 말이 전혀 나오지 않는 것은 바로 이러한 이유 때문입니다. 당시 예수님을 핍박한 서기관과 바리새인뿐 아니라 제사장과 대제사장 어느 누구도 예수님을 칭하여 이단이라는 말을 사용하지 않았지요.

예수님께서 부활함으로써 그리스도로서 사역을 완성하신 뒤에야 '자기들을 사신 주'인 예수 그리스도를 부인하는 사람들이 등장하게 되었고, 이러한 이단을 경계할 것을 알려 주는 내용이 나오는 것입니다. 따라서 예수 그리스도를 '자기들을 사신 주'라고 믿는 사람들은 이단이 아니지만, 반대로 자기들을 사신 주, 곧 예수 그리스도를 부인하면 이단에 속한다는 사실을 알 수 있습니다.

그런데 사도 바울은 자기를 사신 주인 예수 그리스도를 부인하지 않았습니다. 오히려 죄인이던 자신을 만나 주고 죄를 용서해 주신 예수 그리스도의 은혜에 매우 감사하여, 가는 곳마다 그 복음을 전하면서 엄청난 핍박과 고난을 받았습니다.

사십에 하나 감한 매를 다섯 번이나 맞았는가 하면 돌에 맞고, 감옥에 갇히기도 했으며, 이방인과 동족으로부터 핍박받고 사랑하는 사람들에게 배신당하기도 했지요. 그러나 이 모든 시련을 기쁨과 감사함으로 이겨 냈고 큰 권능의 사도로서 순교하는 날까지 예수 그리스도의 이름으로 수많은 사람을 치료하며 죽은 사람도 살리는 등 살아 계신 하나님을 나타내어 크게 영광 돌린 것입니다.

사도 바울은 생명 다해 복음을 전하며 권능을 행해

여기서 우리가 알아야 할 것은, 시편 62편 11절에 "하나님이 한두 번 하신 말씀을 내가 들었나니 권능은 하나님께 속하였다 하셨도다" 하신 대로, 창조주 하나님과 그 본체인 예수 그리스도를 부인하는 사람에게서는 결코 권능이 나타날 수 없다는 사실입니다.

그러므로 권능을 베푼다는 것은, 곧 하나님과 예수 그리스도를 인정할 뿐 아니라 지극히 사랑하는 증거임을 깨달아 함부로 판단하고 정죄하는 일이 없어야 할 것입니다.

또한 갈라디아서 1장 6~9절을 보면 이단의 괴수라고 불린 사도 바울이 오히려 십자가의 도 이 외의 다른 복음을 좇거나 전하는 일이 없도록 엄히 경계하는 내용이 나옵니다.

"그리스도의 은혜로 너희를 부르신 이를 이같이 속히 떠나

다른 복음 좇는 것을 내가 이상히 여기노라

다른 복음은 없나니 다만 어떤 사람들이 너희를 요란케 하여

그리스도의 복음을 변하려 함이라

그러나 우리나 혹 하늘로부터 온 천사라도

우리가 너희에게 전한 복음 외에 다른 복음을 전하면

저주를 받을지어다 우리가 전에 말하였거니와

내가 지금 다시 말하노니 만일 누구든지 너희의 받은 것 외에

다른 복음을 전하면 저주를 받을지어다"

오늘날에도 사도 바울과 같이 결코 예수 그리스도를 부인하지 않고 오히려 복음을 전하며 권능으로 살아 계신 하나님을 나타내는 사람들을 이단이라 판단하고 정죄하는 경우를 볼 수 있습니다.

이단의 정의를 바로 알고 판단 정죄하는 일이 없어야

저 역시 1982년 교회를 개척한 후 대교회를 이루며 놀라운 권능을 나타내기까지 이단 시비 등 믿음의 시련 과정이 있었습니다. 7년 동안 질병으로 죽음의 문턱에서 헤매다가 하나님의 권능으로 단번에 치료된 후 저는 다메섹 도상에서 주님을 만난 사도 바울과 같이 모든 삶을 하나님께 맡기고 먹든 마시든 무엇을 하든지 하나님 영광을 위해 살고자 힘써 왔으며 '오직 예수, 항상 예수'를 찾았습니다.

초신자 때부터 틈만 나면 저를 치료해 주신 하나님을 간증했고 전도하기에 힘썼으며, 주의 종이 되어 목회를 하면서도 무엇보다 십자가의 도를 증거하며 하나님은 창조주이며 예수님은 우리의 구세

주임을 외쳐 왔습니다. 어찌하든 한 영혼이라도 더 구원의 길로 인도하고자 하는 마음이기 때문에 심지어 결혼 주례를 설 때에도 창조주 하나님을 전할 정도였지요.

또한 땅 끝까지 복음을 전하는 주님의 증인이 되기 위해서는 권세 있는 말씀뿐 아니라 살아 계신 하나님의 증거가 필요함을 절감했기 때문에 믿음의 선진처럼 권능을 받기 위해 무수한 기도를 쌓았고, 모든 시험과 연단을 감사함으로 통과할 수 있었습니다.

연단의 과정 중에는 때로 죽음과 같은 시험이 있었지만 아무 죄 없이 죽음을 당한 예수님께서 다시 부활의 영광을 얻은 것처럼, 시험을 통과할 때마다 하나님께서 권능을 더함으로써 더욱 크게 영광을 돌릴 수 있도록 합력하여 선을 이루셨습니다.

그리하여 지난 2000년부터는 아프리카 우간다, 수많은 우상을 섬기는 일본, 난공불락 회교국가인 파키스탄을 비롯하여 케냐, 필리핀, 온두라스, 세계 최대의 힌두교국가인 인도 등에서도 왜 하나님만이 참 신이며 예수 그리스도를 믿어야만 구원받을 수 있는지 전할 때에 무수한 사람이 회개하고 개종하였습니다.

뿐만 아니라 소경이 눈을 뜨고 벙어리가 말하고 귀머거리가 들으며, 암과 에이즈 같은 각종 난치, 불치병까지 치료되는 놀라운 권능의 역사로 하나님께 크게 영광 돌렸습니다.

하나님께서 말씀하시는 이단의 정의를 올바로 깨달은 사람은 쉽게 이단이라고 판단하거나 정죄하지 않습니다. 사도행전 5장 33절 이하에 나오는 바리새인 가말리엘은 모든 백성에게 존경받는 교법사로서 어떻게 행하였습니까?

그 당시 공회에서는 성령으로 충만한 베드로와 사도들이 권능을 나타내며 예수 그리스도를 전하는 것을 금하였으며, 위협하여도 듣지 않자 이들을 잡아다가 없애고자 하였지요. 이때 가말리엘은 공회 중에 일어나 사도들을 잠깐 밖에 나가게 하고 담대히 말하였습니다.

"이스라엘 사람들아 너희가 이 사람들에게 대하여
어떻게 하려는 것을 조심하라 …
이 사람들을 상관말고 버려 두라
이 사상과 이 소행이 사람에게로서 났으면 무너질 것이요
만일 하나님께로서 났으면 너희가 저희를 무너뜨릴 수 없겠고
도리어 하나님을 대적하는 자가 될까 하노라"

만일 하나님 역사가 아니라면 굳이 사람이 나서서 무너뜨리지 않아도 결국 스스로 무너질 수밖에 없습니다. 그런데 하나님의 역사인데도 악한 마음으로 나서서 반대하고 훼방하며 대적한다면 상대를 무너뜨리지도 못할 뿐 아니라 오히려 하나님을 대적하는 자가

되어 징계와 심판을 자초하는 것입니다.

예수 그리스도께서 육신을 입고 이 땅에 오신 것을 인정하고 삼위일체를 인정하는데도 간혹 성경을 해석하는 방법에 차이가 있거나, 성령의 역사로 환상을 보는 것에 대하여, 심지어는 방언을 하는 것조차 이단으로 정죄하는 이들이 있습니다.

어떤 이는 예수님께서 방언을 하거나 환상을 보았다는 기록이 없으니 우리에게도 이것이 필요 없다고 하며 성령의 역사를 잘못된 것처럼 말하기도 합니다.

그러나 고린도전서 12장 7절 이하를 보면 "각 사람에게 성령의 나타남을 주심은 유익하게 하려 하심이라 어떤 이에게는 성령으로 말미암아 지혜의 말씀을, 어떤 이에게는 같은 성령을 따라 지식의 말씀을, 다른 이에게는 같은 성령으로 믿음을, 어떤 이에게는 한 성령으로 병 고치는 은사를, 어떤 이에게는 능력 행함을, 어떤 이에게는 예언함을, 어떤 이에게는 영들 분별함을, 다른 이에게는 각종 방언 말함을, 어떤 이에게는 방언들 통역함을 주시나니 이 모든 일은 같은 한 성령이 행하사 그 뜻대로 각 사람에게 나눠 주시느니라" 하시며 오히려 유익한 것임을 알려 주셨습니다.

따라서 자기 자신이 체험하지 못했다고 해서 이러한 은사가 있는 사람을 비방하고 판단하며 이단으로 정죄하는 일은 결코 없어야 합니다. 오직 성경 말씀에 비추어 참과 거짓을 바로 분별해야 하는 것입니다.

2 진리의 영과 미혹의 영

베드로후서 2장 1~3절을 보면 이단에 대하여 구체적으로 설명한 후에 이단을 가만히 끌어들이는 거짓 선지자들과 거짓 선생들을 경계해야 할 것을 말씀하며 그들의 특징을 알려 주셨습니다.

"여럿이 저희 호색하는 것을 좇으리니

이로 인하여 진리의 도가 훼방을 받을 것이요

저희가 탐심을 인하여 지은 말을 가지고 너희로 이를 삼으니

저희 심판은 옛적부터 지체하지 아니하며

저희 멸망은 자지 아니하느니라"(벧후 2:2, 3)

또한 요한일서 4장 1~3절에도 "사랑하는 자들아 영을 다 믿지 말고 오직 영들이 하나님께 속하였나 시험하라 많은 거짓 선지자가 세상에 나왔음이니라" 하면서 아래와 같이 권면하셨습니다.

"하나님의 영은 이것으로 알지니 곧 예수 그리스도께서

육체로 오신 것을 시인하는 영마다 하나님께 속한 것이요

예수를 시인하지 아니하는 영마다 하나님께 속한 것이 아니니

이것이 곧 적그리스도의 영이니라”

영을 다 믿지 말고 하나님께 속하였나 시험하라

이같이 영에는 우리를 구원으로 인도하시는 하나님께 속한 선한 영과 거짓으로 미혹하여 멸망으로 인도하는 악한 영이 있음을 알아야 합니다. 하나님 영을 받은 사람은 육체로 오신 예수 그리스도를 시인하는 사람으로서 하나님과 예수 그리스도와 성령, 곧 삼위일체 하나님을 믿으니 하나님의 자녀로 인침받고, 성령의 도움으로 진리를 깨달아 알며 진리대로 행해 나갑니다.

반면 적그리스도란 예수 그리스도를 대적하는 사람으로서 예수 그리스도를 통한 구원의 도를 부인합니다. 특히 하나님을 믿는다 하는 사람들 가운데 하나님 말씀을 오용하여 역사하는 경우가 있기 때문에 잘 분별해야 합니다. 어떤 경우든 예수 그리스도를 시인하지 않는다는 것은, 곧 예수 그리스도를 이 땅에 보내신 하나님을 대적하는 것과 다름이 없습니다.

이러한 적그리스도의 영에 대해서는 요한이서 1장 7, 8절에 “미혹하는 자가 많이 세상에 나왔나니 이는 예수 그리스도께서 육체로 임하심을 부인하는 자라 이것이 미혹하는 자요 적그리스도니 너희

는 너희를 삼가 우리의 일한 것을 잃지 말고 오직 온전한 상을 얻으라" 했고, 요한일서 2장 19절에 "저희가 우리에게서 나갔으나 우리에게 속하지 아니하였나니 만일 우리에게 속하였더면 우리와 함께 거하였으려니와 저희가 나간 것은 다 우리에게 속하지 아니함을 나타내려 함이니라" 했습니다.

적그리스도의 영은 두 가지로 분류할 수 있습니다. 적그리스도의 영이 사로잡은 경우와 적그리스도의 영이 생각을 통해 미혹하는 경우입니다. 이들은 성령이 있는 곳이면 어느 곳이든 틈타서 하나님 말씀과 정반대로 나가도록 사로잡거나 생각을 통해 자신도 모르게 미혹되도록 역사합니다. 사람의 생각을 완전히 사로잡은 경우 '귀신이 들렸다'고 표현하기도 하지요.

만일 주의 종이 적그리스도의 영을 받았다면 양 떼는 적그리스도의 영에 미혹돼서 계속 진리에서 위배되는 멸망의 길로 갈 수밖에 없는 것입니다. 그런데 오늘날 이러한 적그리스도가 얼마나 많이 출현하고 있습니까?

하나님 말씀으로 예수 그리스도를 대적하고 천국을 부인하는 사람, 기독교 안에 들어와 자칭 그리스도가 되어 삼위일체와 성령의 역사를 부인하는 사람 등 많은 거짓 선지자와 적그리스도가 세상에 나와 있습니다.

그 한 예가 '여호와의 증인'입니다. 이는 19세기에 미국에서 발생한 이단 종파로서 예수 그리스도의 신성을 인정하지 않으며 성령의 인격성을 받아들이지 않는 등 삼위일체 하나님을 부인하고 '새 세계 번역'이라는 성경 외의 경전을 가르치고 있습니다. 또한 영혼은 죽음과 함께 소멸되고 지옥이 없다 주장하며 예수님은 십자가에 못 박혀 죽으신 후 육체는 썩고 영만 부활했다고 말합니다.

이들은 천년왕국에 대한 그릇된 신앙 때문에 이 세상 나라의 의무를 이행하지 않으며, 군 복무나 국기에 대한 경례 등을 거부하여 사회적으로 물의를 일으키기도 합니다.

그 외에도 국내외에는 여러 이단이 있는데, 이들의 특징은 복음을 왜곡되게 설명하며 자신의 도를 합리화하기 위해 성경과 병행하여 또 하나의 경전을 갖고 있는 경우가 많습니다. 성경보다 다른 경전에 중점을 두고 교주를 신성시하기도 하고 십자가의 도나 부활, 재림 등 예수 그리스도에 관하여 전하지 않으며 종국에는 하나님을 떠나도록 미혹합니다.

우리는 이러한 적그리스도의 영에 미혹되지 않고 오직 진리를 좇아 빛 가운데 행하는 사람이 되기 위해 진리의 영과 미혹의 영을 더욱 분명하게 알아야 하겠습니다.

진리의 영과 미혹의 영을 어떻게 분별하는가?

요한일서 4장 5, 6절을 보면 "저희는 세상에 속한 고로 세상에 속한 말을 하매 세상이 저희 말을 듣느니라 우리는 하나님께 속하였으니 하나님을 아는 자는 우리의 말을 듣고 하나님께 속하지 아니한 자는 우리의 말을 듣지 아니하나니 진리의 영과 미혹의 영을 이로써 아느니라" 말씀했습니다.

미혹이란 '마음이 흐려져서 무엇에 홀리는 것'을 뜻하는데, 미혹의 영은 세상의 영으로서 믿음에서 떠나도록 마음을 흐리게 합니다. 따라서 하나님께 속한 사람은 진리의 말을 듣지만, 세상에 속한 사람은 진리가 아닌 세상의 말을 듣기 때문에 이를 분별하는 것은 어렵지 않습니다.

우리가 진리를 알면 빛과 어둠이 확연히 구분되기 때문에 '저 사람은 진리 안에 있구나, 저 사람은 어둠 속에 있는 사람이구나' 하는 것을 쉽게 분별할 수 있습니다.

예컨대, 누군가 "주일날 내예배만 드리고 오후에는 놀러가자."고 한다거나 하나님을 믿는다면서 악한 궤계를 부리고 하나님 나라를 훼파하려 한다면 바로 미혹의 영이 역사함을 알 수 있지요.

반면에 하나님에게서 온 진리의 영을 받으면 하나님께서 우리에게 은혜로 주신 많은 것을 알게 됩니다(고전 2:12). 진리의 영인 성령이 하나님 자녀들 마음에 내주하면서 모든 진리 가운데로 인도하며 자의로 말하지 않고, 오직 하나님께 듣는 것을 말하며, 장래의 일을 알려 주기 때문입니다.

그래서 요한복음 14장 17절을 보면 "저는 진리의 영이라 세상은 능히 저를 받지 못하나니 이는 저를 보지도 못하고 알지도 못함이라 그러나 너희는 저를 아나니 저는 너희와 함께 거하심이요 또 너희 속에 계시겠음이라" 했고, 요한복음 15장 26절에는 "내가 아버지께로서 너희에게 보낼 보혜사 곧 아버지께로서 나오시는 진리의 성령이 오실 때에 그가 나를 증거하실 것이요" 했습니다.

고린도전서 2장 10절에는 "성령은 모든 것 곧 하나님의 깊은 것이라도 통달하시느니라" 말씀했으니 성령께서는 하나님 마음을 다 아십니다. 따라서 진리의 영을 받은 사람은 진리의 말씀을 듣고 순종할 뿐 아니라, 하나님 나라와 의가 이루어지고 확장되는 것을 즐거워하며 오직 천국 소망 가운데 살아갑니다.

그러나 믿는다면서 교회만 왔다갔다할 뿐, 하나님 말씀을 즐거워하지 않으며, 진정 마음에서 우러나는 믿음을 지니지 못한 사람들이 있습니다. 이들은 아직 세상에 속해 있으며 세상 것을 더 좋아하고, 세상 오락이나 물질을 더 사랑합니다. 그래서 진리 안에 들어오지 못하고 천국을 사모하지도 않으며 하나님을 뜨겁게 사랑하지도 못하는 것입니다.

이렇게 세상에 속하여 진리의 영을 받지 못하는 사람들은 결국 미혹의 영에 이끌려 하나님을 떠나고 맙니다. 또한 믿음의 형제를 중상모략하거나 수군수군하는 등 하나님 나라가 확장되는 것을 시기하고 질투하며 훼방한다면 더더욱 진리의 영이라 할 수 없습니다.

자녀들아 아무도 너희를 미혹하지 못하게 하라

요한일서 3장 7절에 "자녀들아 아무도 너희를 미혹하지 못하게 하라" 하신 것을 볼 수 있습니다. 즉 진리의 말씀 외에는 어떠한 것도 우리를 가르칠 수 없으니 사람에게서 난 비진리에 속한 지식이 우리를 미혹하지 못하도록 진리의 말씀에서 떠나지 말라는 것입니다. 그래야만 믿음을 잘 지켜 온전한 구원에 이르고, 이 땅에서 축복된 삶을 영위하며 천국에서도 영생복락을 누릴 수 있기 때문입니다.

원수 마귀는 어떻게든 하나님 자녀들이 진리 말씀에서 떠나 세상과 짝하거나 하나님을 의심하고 멀리하며 대적하게 합니다. 그래서 지금도 우는 사자같이 누구 삼킬 자를 찾아다니며 믿는 사람들을 미혹함을 명심해야 합니다(벧전 5:8).

그렇다면 하나님의 자녀들이 원수 마귀 사단에게 미혹되는 이유는 무엇일까요? 이는 여자가 남자에게 유혹을 당하는 경우에 비유할 수 있습니다.

만일 여자의 행실이 정숙하고 교양이 있어 허점이 보이지 않는다면 남자가 불순한 의도를 가지고 함부로 접근할 수 없습니다. 여자의 눈동자나 행실 등에서 어떤 허점이 보이기 때문에 접근하는 것처럼, 원수 마귀는 진리에 굳건히 서 있지 못하고 두 마음을 품는다거나 의심하는 사람에게 접근하여 하나님을 떠나도록 미혹하고 결국 멸망에 이르게 합니다.

하와가 뱀에게 미혹된 것도 하나님 말씀을 마음에 새기지 않고 왜곡함으로써 원수 마귀 사단에게 허점을 보였기 때문입니다. 물론 허점을 보이지 않아도 시험이 오는 경우가 있습니다.

다니엘 선지자가 사자굴에 던져진 경우나, 아브라함이 독자 이삭을 번제로 바치는 시험을 받은 경우는 허점을 보여서가 아니라 하나님께서 축복을 주시기 위해서였습니다. 그러나 진리 안에 서 있지 못해 시험이 오는 경우에는 신속히 돌이켜 회개하고 진리인 하나님 말씀으로 물리치며 아무도 미혹하지 못하도록 진리 안에 굳건히 서야 합니다.

진리에 굳건히 서야 미혹되지 않아

디모데전서 4장 1, 2절에 "그러나 성령이 밝히 말씀하시기를 후일에 어떤 사람들이 믿음에서 떠나 미혹케 하는 영과 귀신의 가르침을 좇으리라 하셨으니 자기 양심이 화인 맞아서 외식함으로 거짓말하는 자들이라" 말씀했습니다. 즉 뒷날에 믿음이 있다 하는 사람 중에도 미혹케 하는 영과 귀신의 가르침에 미혹되어 믿음에서 떠난다는 것입니다. 이와 같이 미혹되는 사람은 아무리 그 행함이 충성스럽게 보일지라도 외식에 지나지 않습니다. 남에게 보이기 위해 기도하는가 하면, 하나님 은혜에 감사해서가 아니라 물질의 욕심 때문에 충성합니다. 또한 거짓말을 하고 진리에서 떠나 살며 점점 양심에 화인 맞고 믿음에서 떠나 결국 사망의 길로 갑니다.

하나님께서는 우리가 이러한 미혹에 빠지지 않도록 성경을 통하여 알려 주며 엄히 경계하십니다. 마태복음 7장 15, 16절에 "거짓 선지자들을 삼가라 양의 옷을 입고 너희에게 나아오나 속에는 노략질하는 이리라 그의 열매로 그들을 알지니 가시나무에서 포도를, 또는 엉겅퀴에서 무화과를 따겠느냐" 하신 것처럼 사람은 그 마음의 생각과 뜻이 반드시 말이나 행동의 열매로 맺습니다.

즉 그 행함을 볼 때 진리의 열매, 선의 열매, 의의 열매가 아닌 미움, 시기, 질투 등 악의 열매, 불법의 열매가 맺혔다면 거짓 선지자임을 알 수 있는 것입니다. 그러므로 하나님의 자녀들은 진리에 굳건히 서서 이단에 대한 성경적인 이론을 확고히 정립해야 하며, 영에 관하여서도 제대로 분별할 수 있어야 합니다. 이미 많은 거짓 선지자, 곧 적그리스도가 세상에 나왔기 때문입니다.

원수 마귀는 하나님의 자녀가 조금이라도 진리에서 흔들릴 때, 그때를 놓치지 않고 미혹하여 죄를 범하게 만듭니다. 그러나 우리가 진리의 영을 좇아 오직 그 가운데 행한다면 미혹의 영이 감히 접근하지 못할 뿐 아니라, 미혹할지라도 전혀 흔들리지 않고 오히려 제압할 수 있습니다.

우리는 항상 깨어 기도함으로써 진리 안에 살고 영을 제대로 분별하여 미혹되지 않을 뿐 아니라, 결코 다른 사람을 판단 정죄하지 말아야 할 것입니다. 오직 믿음 위에 굳게 서서 성부, 성자, 성령의 삼위일체 하나님을 믿으며 성경 66권 말씀을 그대로 믿고 따라야 하겠습니다.

"주 예수여, 어서 오시옵소서!"

● **전자책(e-book) 구입안내** : 한국어 및 외국어 번역 도서 – 인터넷 교보, 리디북스 등 전자책 서점
아마존닷컴(amazon.com), Google Play, iBookstore

십자가의 도

예수 그리스도만이
우리의 구세주가 되십니다

초판 1쇄 발행 2014년 4월 25일
　　　3쇄 발행 2015년 2월 13일

지은이 이재록
발행인 빈성남
편집인 빈금선

펴낸곳 우림북
등　록 1989년 4월 11일, 164-11-01027

주　소 156-848 서울시 동작구 여의대방로22길 73, 1층
전　화 02-851-3845, 070-8240-5611(편집)
　　　　　02-837-7632, 070-8240-2072(영업팀)
팩　스 02-830-1844(편집), 02-869-1537(영업팀)

ISBN 978-89-7557-907-3　02230

우림

우림은 구약 시대에 대제사장이 하나님의 뜻을 묻기 위해 판결 흉패 안에 넣어 사용하던
도구 중의 하나이며, 히브리어로 '빛'이라는 의미가 있습니다(출애굽기 28:30).
빛은 곧 하나님 말씀이며 생명입니다.
우림북은 온 누리에 참 빛을 비추고자 오늘도 기도와 정성으로 문서선교 사역에 앞장서고 있습니다.
www.urimbooks.com

www.ingramcontent.com/pod-product-compliance
Lightning Source LLC
Chambersburg PA
CBHW061604120626
46550CB00004B/1605